大学入試

PLATINUM RULE

柳生好之の 現代文 ▶プラチナルール

柳生好之 スタディサプリ講師

はじめに

この本は、独学では学ぶことができないと考えられていた現代文の読み方や解き方を、大学受験生が学ぶための本です。

現代文という科目は受験科目の中では特殊な考え方が流通しています。英語や数学では当然のように考えられている「解法」に関して、「読めれば解けるのだから、現代文の解法などは邪道」という言説がまかり通っています。しかし、本当にそうなのでしょうか？

確かに、かつては眉唾物の「解法」が横行したこともありました。「選択肢だけ見れば解ける」「設問の前後3行を見れば解ける」など、いかがわしい解法があったのも事実です。そのような「解法」に対する批判として「具体的な個々の文章を具体的に理解する」という考え方が流通したのです。

しかし、英語や数学と同様に、現代文の「解法」というものは大学受験勉強の王道なのです。なぜならば、大学入試で求められるのは科学的なものの見方だからです。

大学で行われる学問は基本的には科学です。文系であれば人文科学と社会科学、理系であれば自然科学といわれます。その学問そのものである「科学」の特徴とは何か。それは、「個々の具体的な事象を分析し、共通点を見出し、一般的法則を作り出すこと」です。つまり、「一般化」「法則化」こそが、学問の根本的な考え方なのです。

であれば現代文の勉強も、それぞれ異なるように見える個々の具体的な問題を、似たような類題として考えることができるような、「一般的法則」を追求したものになるはずです。そのように考えて、現代文の大学入試問題を何題も分析してきました。

そこから見えてきた「一般的法則」こそが「現代文プラチナルール」なのです。このプラチナルールは「国文法」「論理学」といった先人の研究と、僕自身の大学入試現代文研究から作られたものです。

昨日見た問題が解けるだけでなく、まだ見ぬ明日の問題も解けるようになる。

まだ見たことのない文章を読み解く力を身につける「現代文プラチナルール」の講義を、開講します！

目次

本書の特長と使い方

本書は、論理的読解に定評がある柳生先生が膨大な量の入試現代文を研究して発見した「プラチナルール」を紹介する参考書です。

入試現代文は「センスや読書量で差がつく」と誤解されがちですが、誰でも使える「プラチナルール」に従って考えれば、選択式・記述式のどちらでも必ず正解にたどり着くことができます。

まずは、このページで本書の使い方をつかみ、効率よく学習を進めてください。

❶ 本書でもっとも重要なプラチナルール。現代文攻略に欠かせないものばかりなので、しっかり理解しましょう。

❷ 本文中、重要な情報を囲みで紹介。理解の助けになります。

❸ 実際の入試問題を「実践問題」として掲載。段落で分けにくい小説には5行ごとに行数を示しています。解説で学んだプラチナルールをもとにチャレンジしましょう。

❹ 「実践問題」の解説は、ステップに分けて正解への道のりを示しています。どんな問題でも一定のステップを踏むことで正解することができるので、何度も繰り返して頭と体に覚えこませましょう。

❺ 解説中の本文の引用では、矢印や記号を使って、対比関係・接続関係・比喩など、論理の展開をビジュアルでつかめるようにしました。問題を解く際に有効な手段なので、ぜひ実行しましょう。

今回は「どういうことか」＝傍線部内容説明問題のプラチナルールを学びましょう！

①

プラチナルール02

文の構造とポイントとなる言葉をとらえ、根拠を探す

まず、傍線部のある一文の構造を分析します。「主語は何か」「述語は何か」「修飾部はどこにかかっているか」など文の成分に応じて、構造を調べます。そのときには次のような分析記号を使うと良いでしょう。

②

〈とんがりカッコ〉……主語・主部
〔四角カッコ〕……修飾語・修飾部
二重囲み……論理フレーム
／スラッシュ……接続部・中止法
囲み……指示語
カド丸……接続表現

次に、「ポイントとなる言葉」ですが、ここが「どういうことか」の本質なのです。「どういうことか」という問題は「文脈の中にあってはじめてわかる言葉」を「文脈がなくても誰でもわかる言葉」に書き換える問題なのです。単なる「イイカエ」ではないということに注意してください。

「ポイントとなる言葉」は、次のようなものが挙げられます。

11　テーマ１　傍線部内容説明問題

実践問題8　センター試験　2005年　目標解答時間　3分

③

次の文章を読んで、後の問いに答えよ。

あの朝、祐介が帰る寸前に、前夜聞いた話を小説にしたいと私が言い出すと、祐介は最初は驚いた顔を見せ、次に当惑した顔を見せたのである。小説家としてやっていこうという人間に「小説のような話」をもって来て、それを小説にしたいと言われて驚くことはないだろう、と私は内心思った。だが祐介の当惑はよく理解できた。「小説のような話」を祐介に話して聞かせた日本の女の人のことを考えれば当然であった。私は祐介のその当惑を前に、自分のひるむ気持ちを抑えた。そして、その女の人に迷惑がかからないよう、名前や設定を変え、人が読んでも登場人物の正体が簡単にはわからないように書くつもりであると続けた。祐介は、どうでしょう、とだけ短く応《こた》えて口をつぐんだ。しばらく沈黙があった。私は前夜の自分の昂揚感を呼び起こし、ひるむ気持ちをなおも抑えた。そして自分からは沈黙を破ろうとはしなかった。そんな私を見て祐介は思い直してくれたらしい。ややあって、何かを振り切るようにして、いいんじゃないですか、小説にするのも……小説にするのも、考えてみれば面白いかもしれません、と言ってくれ、そのうえ信州の地図を送ると約束してくれたのである。郵便には手書きの地図が二枚とコンピューターで打った原稿が数枚入っていた。地図の方は「信《しな》濃追分《のおいわけ》」と「旧軽井沢」の地図で、それぞれに「ココ」と山荘の位置が示されている。原稿の方は「土屋冨《ふ》美子《みこ》の話の覚え書き」という題がついていた。原稿というより、年表のようなものであった。簡単な手紙が添えられており、「信濃追分」の山荘は壊されてしまったが、「旧軽井沢」の山荘は多分まだ残っているであろう、と書いてある。最後に祐介のEメイルのアドレスが添えてあった。私は「土屋冨美子の話の覚え書き」を、私自身が作っていた覚え書きと一緒にしながら、コンピューターに入力した。

51　テーマ３　心情把握問題

④

ステップ1　傍線部を含む一文を分析する。〔文構造→ポイント〕

A身体を維持する行動①をどのような名前で呼ぼうと、
また
その行動が交渉する対象②にどのような名前を与えようと、
↓
×（それら①＋②は）命名法としては同等である。
（主語省略）（述部）

文の構造を分析すると、主部は「それらは」が省略された形になっており、述部は「同等である」となっています。すると傍線部は「行動をどのような名前で呼ぶか」「対象をどのような名前で呼ぶか」について説明しているとわかります。「行動」と「対象」ですから、「違う」ものについて言っているように思えますが、「同等」であると筆者は言っています。ここに「飛躍」がありますね。

では、飛躍を埋める「行動の命名（A①）」「対象の命名（A②）」の説明を求めにいきましょう。

ステップ2　解答の根拠をとらえる。〔周囲の文を見る〕

第二段落

ともあれ人間はまず事物について、そして相互行為について名前を付与せずには生きることができない。

42

プラチナルール17

「抑揚」のフレームで対立と同値をとらえる

ステップ2　解答の根拠をとらえる。〔周囲の文を見る〕

⑤

第二、三段落

だから、と言って良いのかよく分からないが、科学の歴史を紐解《ひもと》けば、たくさんの間違いが発見され、そして消えていった。科学における最高の栄誉とされるノーベル賞を受賞した業績でも、後に間違いであることが判明した例もある。（具体例）たとえば１９２６年にデンマークのヨハネス・フィビゲルは、世界で初めて「がん」を人工的に引き起こす事に成功したという業績で、ノーベル生理学・医学賞を受賞した。しかし、彼の死後、寄生虫を感染させることによって人工的に誘導したとされたラットの「がん」は、実際には良性の腫瘍であったことや、腫瘍の誘導そのものも寄生虫が原因ではなく、餌《えさ》のビタミンA欠乏が主因であったことなどが次々と明らかになった。）

ノーベル賞を受賞した業績でも、〈Aこんなことが〉起こるのだから、多くの「普通の発見」であれば、誤りであった事例など、実は枚挙にいとまがない。誤り、つまり現実に合わない、現実を説明していない仮説が提出されることは、科学において日常茶飯事であり、２０１３年の（注1）『ネイチャー』誌には、医学生物学論文の70％以上で結果を再現できなかったという衝撃的なレポートも出ている。

75　テーマ４　記述式問題

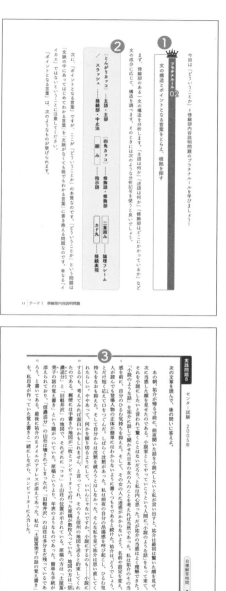

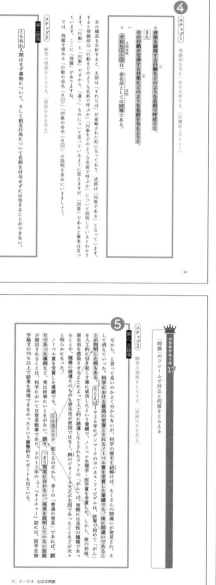

テーマ 1

傍線部内容説明問題

傍線部内容説明問題は大学入試現代文を解いたことがある人なら誰でも見たことがある問題です。実は「**どういうことか**」という問題は現代文で最もよく出題される問題なんです。皆さんはこの問題に対していつも一定の手順でアプローチできていますか?

プラチナルール 01

「よく出る」テーマはないが、「必ず出る」設問はある!

現代文の勉強というと、「よく出る」テーマを覚えたりする場合が多いです。しかし、「よく出る」テーマといっても皆さんの第一志望校の入試で出るとは限りません。「よく出る」テーマは第一志望から第五志望の中には出てくる可能性はありますが、ズバリ第一志望で出る確率は極めて低いでしょう。試しに第一志望校の過去問を見てください。おそらくその文章のテーマは、「よく出る」テーマの参考書に書かれているテーマではないと思います。

ところが、設問という観点から見ると「よく出る」どころではなく「必ず出る」設問というのがあります。それが「どういうことか」の問題なのです。入試対策では「必ず出るもの」に的をしぼって勉強するのが、最も効率的で本質的です。ですから、「**どういうことか**」の解き方をマスターするのが、皆さんの第一志望合格のために最も重要なことなのです。

今回は「どういうことか」＝傍線部内容説明問題のプラチナルールを学びましょう！

プラチナルール02
文の構造とポイントとなる言葉をとらえ、根拠を探す

まず、傍線部のある一文の構造を分析します。「主語は何か」「述語は何か」「修飾部はどこにかかっているか」など文の成分に応じて、構造を調べます。そのときには次のような分析記号を使うと良いでしょう。

- **〈とんがりカッコ〉……主語・主部**
- **［四角カッコ］……修飾語・修飾部**
- **二重囲み……論理フレーム**
- **／スラッシュ……接続部・中止法**
- **囲み……指示語**
- **カド丸……接続表現**

次に、「ポイントとなる言葉」ですが、ここが「どういうことか」の本質なのです。「どういうことか」という問題は**「文脈の中にあってはじめてわかる言葉」を「文脈がなくても誰でもわかる言葉」に書き換える問題**なのです。単なる「イイカエ」ではないということに注意してください。

「ポイントとなる言葉」は、次のようなものが挙げられます。

「どういうことか」のポイント

① **指示語**　例えば、「この問題はこうやって解きましょう」と言われても、わかりませんよね。指示語は、指示内容から切り離されたら意味がわからなくなります。

② **比喩表現**　例えば、「現代文の勉強は水滴が岩を穿《うが》つようにやりなさい」と言われてもなんのことかわかりません。何を何に喩《たと》えたのかがわかっていないと意味が通じないのです。

③ **個人言語**　筆者が辞書的な意味とは少し違う意味で使っている言葉のことです。例えば本文中で「文化」というようにカギカッコがついている言葉が出てきた場合、辞書的な文化の意味とは少し違う意味で使っているのです。

このように「どういうことか」の問題でポイントとなる言葉は、**文脈から切り離された瞬間に意味がわからなくなるような言葉**なのです。それを「本文を読んでいない人でもわかるように説明する」のが「どういうことか」の問題なのです。

最後に、**傍線部の周りにある**「**解答の根拠**」**となる文を探しましょう**。「指示語の指示内容」や、「比喩を説明している文」や「個人言語を定義している文」を周囲に求めるのです。必ず近くから遠くへというように探しましょう。いきなり遠くを見ると近くの根拠を見落としてしまいますから気をつけましょう。

実践問題1

東海大学　2019年

目標解答時間　3分

次の文章を読んで、後の問いに答えよ。

精神分析家スペンスは、物語を重視する立場から精神分析について考察しているが、その中で歴史的事実と物語的真実の区別を強調している。その区別に即して言えば、自己物語にとって重要なのは、歴史的事実性ではなくて、物語的真実性なのである。

スペンスも指摘するように、心理療法家は、相談に訪れたクライエントを援助するために過去の葛藤の歴史的事実を見抜く必要はない。重要なのは、クライエントの語りにあらわれる物語的真実のほうだ。そして、心理療法家は、クライエントが自分自身の過去の物語をより矛盾のない一貫したものへと語り直していくのを促進することによって、クライエントを援助することができるのだ。たとえその改訂された自己物語が歴史的事実に厳密に一致しなくてもかまわない。本人が納得できる物語であり、社会的にも受け入れられる物語であればよいのである。もちろん、本人が生きる勇気を汲《く》み取ることができるような物語であるのが望ましい。

人は、人生に行き詰まったとき、だれかにその窮状《きゅうじょう》を語る必要に迫られる。こちらの語りに耳を傾けてくれる聞き手を必要とする。人生に行き詰まるというほど大げさなものでなくても、ちょっと深刻な悩みをもったときや迷いを感じたとき、悩んでいることや迷っていることをだれかに語らずにはいられない。

（榎本博明『〈ほんとうの自分〉のつくり方』より）

問　傍線「自己物語にとって重要なのは、歴史的事実性ではなくて、物語的真実性なのである」とあるが、どのようなことが重要なのか。次の中から最適のものを選びなさい。

① 社会の歴史と矛盾していないことよりも、自分自身の経験と矛盾していないこと。
② 本人の記憶に即していることよりも、物語として聞き手が興味を持てること。
③ 事実を正確に説明する語りよりも、心の葛藤を忠実に反映した語りであること。
④ 本人が納得できることよりも、社会的に受け入れられる物語であること。
⑤ 実際に起きたことを反映しているかどうかよりも、本人に生きる勇気を与えること。

ステップ1 傍線部を含む一文を分析する。［文構造→ポイント］

指示語　接続部
その区別に即して言えば／

主部　個人言語　否定　個人言語　述部
〈自己物語にとって重要なのは〉、**歴史的事実性**ではなくて、**物語的真実性**なのである。

文の構造を分析すると、主部は「自己物語にとって重要なのは」となっているので、述部に解答の根拠があるとわかります。そして述部には「物語的真実性」とありますが、これだけではなんのことだかわかりません。このような言葉は個人言語ですから、筆者がわかるように説明してくれるはずです。

また、傍線部には「AではなくBである」という「否定」のフレームが使われています。このような「フレーム＝構文」に注目することによって、解答の根拠は見つけやすくなります。

プラチナルール 03

「否定」のフレームがあったら注意する

ステップ2 解答の根拠をとらえる。〔周囲の文を見る〕

第一段落

〈精神分析家スペンスは〉、物語を重視する立場から精神分析について考察しているが、／その中で歴史的事実と物語的真実の区別を強調している。その区別に即して言えば、／〈自己物語にとって重要なのは〉、歴史的事実性ではなくて、物語的真実性なのである。

「指示語」の指示内容を前文に求めると、「その区別」というのは「精神分析家スペンス」が強調している区別だということがわかります。つまり、「歴史的事実性」と「物語的真実性」というのは「スペンス」の個人言語だと考えられます。

ですから、スペンスの考え方を説明しているところに解答の根拠があるとわかりますので、探しにいきましょう。

第一〜二段落

〈精神分析家スペンスは〉、物語を重視する立場から精神分析について考察しているが、／その中で歴史的事実と物語的真実の区別を強調している。その区別に即して言えば、／〈自己物語にとって重要なのは〉、歴史的事実性ではなくて、物語的真実性なのである。

スペンスも指摘するように、〈心理療法家は〉、相談に訪れたクライエントを援助するために過去の葛藤の歴史的事実を見抜く必要はない。〈重要なのは〉、クライエントの語りにあらわれる物語的真実のほうだ。そして、〈心理療法家は〉、クライエントが自分自身の過去の物語をより矛盾のない一貫したものへと語り直していくのを促進することによって、クライエントを援助することができるのだ。たとえその改訂された自己物語が歴史的事実に厳密に一致しなくてもかまわない。本人が納得できる物語であり、社会的にも受け入れられる物語であればよいのである。もちろん、〈本人が生きる勇気を汲《く》み取ることができるような物語であるのが〉望ましい。

「否定」のフレームに注目しながら「物語的真実性」の説明を探していくと、第二段落に説明があります。第三段落は「人はどういうときに物語るのか」の説明になっているため、「物語的真実性」の説明は第二段落で終わったと考えましょう。

まずは本文の根拠となる部分に線を引いて、そこをもとにして正解をイメージしましょう。**できれば記述解答にまとめられれば良いですが、最初は無理をせずに線を引くだけでもかまいません。**

ステップ3　記述解答から選択肢へ。

先ほどの第一・第二段落の分析で、グレーの網かけの箇所は「歴史的事実性」を表し、ピンクの網かけの箇所は「物語的真実性」を表しています。ピンクの箇所を合わせると次のような解答が得られます。

「クライエントがより矛盾のない一貫したものへと語り直した過去の物語が、本人や社会にとって納得できるものであり、本人に生きる勇気を与えるものであること」

この解答に近い選択肢を選びましょう。正解は⑤「実際に起きたことを反映しているかどうかよりも、本人に生きる勇気を与えること。」です。「**AよりもB**」は「**否定**」**のフレームと同じ働きをする**と考えて問題ありません。Bだけ解答とすれば良いのですが、「Aではなく（よりも）」がついていてもかまいません。

他の選択肢を検討しましょう。①は「矛盾していない」という部分が「よりも」の前にあるところが誤りです。②は今回とらえた説明にありませんから誤りです。③は「よりも」の後に「葛藤を忠実に反映」がある点が誤りです。④は「よりも」の前に「本人が納得できること」があるところが誤りです。

実践問題2

獨協大学　2017年

目標解答時間　3分

次の文章を読んで、後の問いに答えよ。

グローバル・パラドクスという表現があります。これは、メガトレンドで著名なアメリカの未来学者であるネズビッツの命名です。そもそも、グローバリゼーションとは、イギリスの社会学者であるアンソニー・ギデンズにいわせれば「ローカルなコミュニティから人々をグローバルな世界へと放り込むと同時に、ローカル・コミュニティのアイデンティティの主張とその維持（自律分散化）を可能とし、多様化を許容する」となります。つまり、グローバル化すると、世界中の人が「マクドナルドでハンバーガーを食べ、リーバイスのジーンズを履き、ウォークマンを聴く」といったように一元化（共通化）もしていくわけですが、その一方で、EU諸国をみればわかるように民族・言語・宗教など異なる集団としての主張も強くなっていき、多元化していくのです。つまり、グローバリゼーションはそれ自体に矛盾を含んでいて、単純にすべてが一元化するわけではないのです。これがグローバル・パラドクスです。

グローバル・パラドクスが示すように、グローバル化とは無国籍化することではけっしてありません。世の中がグローバル化すればするほど、集団ごとの差異は、外部異質性の存在の認識を通した内部同質性の確認・強化を通じて、独自性として一層明確に意識されることになるのです。それだけに、不可逆にグローバル化する現代社会において、日本人としての「ローカルな軸足」を、曖昧ではなく明確に認識しておくことは、個人にとっても企業にとっても大きな意味をもつのです。この認識がグローバル化する環境への主体的な適応の第一歩なのです。だからこそ、グローバル企業をめざすニッサンのカルロス・ゴーンが、ニッサンの本社移転計画の発表に際して、ニッサンのルーツ（軸足）は横浜であると声高にいったわけです。

（小笠原 泰「『日本的な』を理解する視座」より）

問　傍線部「グローバル・パラドクス」とはどういうことか。その説明として最も適当なものを次の選択肢の中から一つ選び、その番号を答えなさい。

①　現代社会が、グローバル化の動きに対する反動として分散化の方向に転換すること
②　現代社会がグローバル化するように見えても、実質的にはローカル化していること
③　現代社会が、「ローカルな軸足」を無視したままグローバル化しようとすること
④　グローバル化において、一元化と多元化という相反する動きが同時に成立すること
⑤　グローバル化の動きにおいて、一元化する社会もあれば多元化する社会もあること

ステップ1　傍線部を含む一文を分析する。［文構造→ポイント］

〈グローバル・パラドクス《個人言語》という表現が《主語》〉あります《述語》。

文の構造を分析すると、主部は「グローバル・パラドクスという表現が」となっており、述部は「あります」となっ

ています。そして「グローバル・パラドクス」とありますが、これだけではなんのことだかわかりません。このような言葉は個人言語ですから、筆者がわかるように説明してくれるはずです。

ステップ2 解答の根拠をとらえる。［周囲の文を見る］

第一〜二段落

〈グローバル・パラドクスという表現が〉あります。〈これは〉、メガトレンドで著名なアメリカの未来学者であるネズビッツの命名です。そもそも、〈グローバリゼーションとは〉、イギリスの社会学者であるアンソニー・ギデンズにいわせれば「ローカルなコミュニティから人々をグローバルな世界へと放り込むと同時に、ローカル・コミュニティのアイデンティティの主張とその維持（自律分散化）を可能とし、多様化を許容する」となります。つまり、グローバル化すると、世界中の人が「マクドナルドでハンバーガーを食べ、リーバイスのジーンズを履き、ウォークマンを聴く」といったように一元化（共通化）もしていくわけですが、その一方で、ＥＵ諸国をみればわかるように民族・言語・宗教など異なる集団としての主張も強くなっていき、多元化していくのです。つまり、〈グローバリゼーションは〉それ自体に矛盾を含んでいて、単純にすべてが一元化するわけではないのです。〈これが〉グローバル・パラドクスです。

グローバル・パラドクスが示すように、〈グローバル化とは〉無国籍化することではけっしてありません。世の中がグローバル化すればするほど、〈集団ごとの差異は〉、外部異質性の存在の認識を通した内部同質性の確認・強化を通じて、独自性として一層明確に意識されることになるのです。

本文を読んでいくと、まず「グローバル・パラドクス」という表現は「ネズビッツ」の個人言語であることがわかります。さらに説明を求めますが、次の文は「グローバリゼーションとは」となっており、「グローバリゼーション」の説明をしているとわかります。今回求めたいのは「グローバル・パラドクス」ですから、さらに先へと読み進めます。すると、第一段落最終文に「これがグローバル・パラドクスです」とあるので、「これ」の指示内容を求めます。前の文に「矛盾」がありますから、これが指示内容となります。**「矛盾」や「逆説（パラドクス〈パラドックス〉）」はとてもよく出てくるフレーム**なので、ぜひ覚えておきましょう。

「矛盾」のフレーム

AはBであり、かつBでない（矛盾は「正しくない」と判断される）

「逆説」のフレーム

①「AはBであり、かつBでない」→ 連言の逆説
②「Aすると、かえってB」→ 因果の逆説
（逆説は一見矛盾しているが、実は「正しい」と判断される）

プラチナルール 04

「矛盾」と「逆説」のフレームは要注意

「つまり」とあるのでさらに前の文にさかのぼると、「世界中の人が〜一元化（共通化）もしていくわけですが、その一方で、〜多元化していくのです」とあります。「世界中の人が一元化し、かつ多元化する」というのが「矛盾」のフレームになっているので、この部分が解答の根拠であるとわかります。ちなみに、次の段落は「グローバル化とは〜」とあるので、「グローバル・パラドクス」の説明は第一段落で終わっていると見ることができます。

ステップ3 記述解答から選択肢へ。

ステップ2で、「グローバル・パラドクス」について、次の解答が得られました。

「グローバル・パラドクスとは、グローバル化が進むにしたがって世界中の人々が生活様式の点において一元化していく一方で、異なる集団としての主張も強くなっていき多元化していくこと」

この解答に近い選択肢を選びましょう。正解は④「グローバル化において、一元化と多元化という相反する動きが同時に成立すること」です。「**Aと同時にB**」という形になっており、**A（一元化）とB（多元化）が反対になっていますので「逆説」のフレーム**になっています。

他の選択肢を検討しましょう。①は「分散化」②は「ローカル化」③は『ローカルな軸足』を無視したまま」が誤りです。この辺りは解答の根拠をしっかりとらえていれば迷わないでしょう。⑤は「一元化」「多元化」という言葉が入っているので、迷った人もいるかもしれません。しかし、「一元化する社会もあれば多元化する社会もある」では、それぞれの社会ではどちらか一方しかないため、「矛盾」になっていません。

最後にもう一問やってみましょう。

実践問題3

國學院大學　２０１９年

目標解答時間　**3分**

次の文章を読んで、後の問いに答えよ。

子どもを地域社会の構成員全員の手によって育て上げるという人間形成システムは、実に重要な示唆を含んでいる。現代では子どもの教育といえば、学校と家庭だけにその責任があるかのように考えられがちである。それは、高度経済成長と急速な都市化が進行する一方で、地域共同体が崩壊の一途をたどり、かつては機能していた地域の人間形成空間がすっかり解体してしまった結果を如実に物語っている。

日本の地域社会は、この四〇年間に歴史的ともいえる変貌を経験してきた。村の人々が歩き慣らすことで自然にできた田圃のあぜ道や農道、森の小径《こみち》などはすっかり消滅し、車の往来に便利なアスファルトが敷かれるようになる。ボルノーも言うように、都市化の進行とともに、地域の「小径は、道路に変わった」のである。

しかし、それは、ただ単に踏み慣らされた自然の道が、人工的な道路に変わることだけを意味しているのではない。重要なことは、「小径」が「道路」に変わることによって、どんな地域の農道さえもが、全国を縦横にめぐる道路交通網の一部に組み込まれてしまったことである。これによって、「道」の持つ意味とその風景さえもが大きく様変わりした。地域住民の生活に密着し、地域の子どもの遊び場ですらあった「小径」は、地域との一体感を失い、グローバルな交通網の一部となったのである。

ボルノーは、こうした「道路」の出現による地域の風景の均質化を指摘している。「道路網は、ますます増大していく自律性を獲得し、家屋という自然的中心のまわりに分節化されている空間とは別の独自の空間を作り出した」。これによって「道路による地域の均質化」が引き起こされる。道路網が整備されていく過程で、地域そのものも「特別の地位と個性を喪失する」ようになる。大人と子どもが共に働き、遊び、集い、住まう共同体としての地域はますます解体の一途をたどり、地域は、単に人が点在し、忙しく移動するだけの空間に様変わりした。それが、地域の均質化をもたらした原因である。

（高橋 勝『経験のメタモルフォーゼ』より）

問　傍線部の説明として最もふさわしいものを、次の中から一つ選びなさい。

① 人のものだった道が舗装されて車の往来に適したものとなったということ
② 「小径」が人工的な道路となることで新たな風景が生み出されたということ
③ ボルノーのいう都市化の影響で地域の自然環境が破壊されたということ
④ 道路網の整備に伴い地域は忙しく移動するだけの空間となったということ
⑤ 道路が自律性を獲得したために家屋が自然的中心から外れたということ

ステップ1　傍線部を含む一文を分析する。〔文構造↓ポイント〕

> ボルノーも言うように、
> **都市化の進行とともに、〈地域の「小径は〉、道路に変わった」のである。**
>
> 主部　個人言語　述部

文の構造を分析すると、主部は「地域の小径は」となっており、述部は「変わった」となっています。そして「ボルノーも言うように」とありますので、これは個人言語です。一見簡単に思える単語もカギカッコがつくと特殊な意味で用いられている可能性があります。

ステップ2　解答の根拠をとらえる。［周囲の文を見る］

第一〜二段落

〈子どもを地域社会の構成員全員の手によって育て上げるという人間形成システムは〉、実に重要な示唆を含んでいる。現代では子どもの教育といえば、学校と家庭だけにその責任があるかのように考えられがちである。〈それは〉、高度経済成長と急速な都市化が進行する一方で、地域共同体が崩壊の一途をたどり、かつては機能していた地域の人間形成空間がすっかり解体してしまった結果を如実に物語っている。

〈日本の地域社会は〉、この四〇年間に歴史的ともいえる変貌を経験してきた。〈村の人々が歩き慣らすことで自然にできた田圃のあぜ道や農道、森の小径《こみち》などは〉すっかり消滅し、／〈車の往来に便利なアスファルトが〉敷かれるようになる。ボルノーも言うように、都市化の進行とともに、〈地域の「小径は〉、道路に変わった」のである。

本文を読んでいくと、第二段落に「変貌」とあるので、ここから「変化」の説明が始まっていることがわかります。そして、「小径」と「道路」の説明もありますが、第二段落では一般的な意味で説明されています。傍線部内容説明問題はこのような一般的な意味を問う問題ではないということがわかって、さらに読み進めようと思ったならば、今回の学習の成果があったと言えます。第三段落に読み進めていきましょう。

第三〜四段落

しかし、〈それは〉、ただ単に踏み慣らされた自然の道が、人工的な道路に変わることだけを意味しているのではない。〈重要なことは〉、「小径」が「道路」に変わることによって、どんな地域の農道さえもが、全国を縦横にめぐる道路交通網の一部に組み込まれてしまったことである。これによって、「道」の持つ意味とその風景さえもが大きく様変わりした。〈地域住民の生活に密着し、地域の子どもの遊び場ですらあった「小径」は〉、地域との一体感を失い、グローバルな交通網の一部となったのである。

〈ボルノーは〉、こうした「道路」の出現による地域の風景の均質化を指摘している。「道路網は、ますます増大していく自律性を獲得し、家屋という自然的中心のまわりに分節化されている空間とは別の独自の空間を作り出した」。これによって「道路による地域の均質化」が引き起こされる。道路網が整備されていく過程で、〈地域そのものも〉「特別の地位と個性を喪失する」ようになる。〈大人と子どもが共に働き、遊び、集い、住まう共同体としての地域は〉ますます解体の一途をたどり、〈地域は〉、単に人が点在し、忙しく移動するだけの空間に様変わりした。〈それが〉、地域の均質化をもたらした原因である。

第三段落には「それはAだけを意味しているのではない」とあります。ここに新たな意味が付け加えられると考えてください。「**Aだけでなく Bも**」というのは付け加えをする「**連言**」のフレームです。

プラチナルール05
「連言」のフレームは否定ではない

「連言」のフレーム

「AだけでなくBも」→「Aに付け加えてBもある」という意味であって、「否定」ではない

そして、第三段落の後半では「変化」の詳しい説明がなされます。

最後に、第四段落を見ると「こうした『道路』の出現による地域の風景の均質化」をボルノーが指摘しているとありますので、ここが付け加えられた二つ目の変化の「まとめ」になっていると判断します。「〜化」というのは「変化」のことです。二つ目の変化は「地域の風景の均質化」です。

プラチナルール06
「まとめ」の表現を見逃さない

「まとめ」の指示語

① このような、そのような
② こうした、そうした
③ こういう、そういう

ステップ3 記述解答から選択肢へ。

ステップ2で、傍線部について、次の解答が得られました。

「踏み慣らされた自然の小径が、人工的に舗装された道路に変わることで、地域の風景がグローバルな風景として均質化されたということ」

この解答に近い選択肢は②『小径』が人工的な道路となることで新たな風景が生み出されたということ」となります。「道路」に変わるとともに「風景」が変わったということを指摘している選択肢を選びましょう。「風景」の変化について述べた選択肢は②しかありません。

他の選択肢を検討しましょう。①は一つ目の変化は書かれていますが、二つ目の変化である「風景の均質化」が説明されていないため誤りです。③は「地域の自然環境が破壊された」④は「忙しく移動するだけの空間となった」⑤は「自律性を獲得した」「家屋が自然的中心から外れた」がそれぞれ誤りです。

テーマ 2

傍線部理由説明問題

傍線部理由説明問題とは「**傍線部～とあるが、なぜか**」という問題です。これは、「どういうことか」に続き傍線部問題では頻出の問題です。ところが、多くの人がこの問題に対するアプローチの仕方がよくわかっていません。「なぜ」というのはとても深い問いなのです。

実は「なぜか」の問題は二種類あります。一つは出来事の「因果関係」を問う問題です。例えば、「K助が泣いた」のは「なぜか」と問われて、「好きな子にフラれたから」と答えるタイプの問題です。もう一つは、ある「主張（判断）」に対する「論証（根拠）」を答えさせる問題です。例えば、「K助はバカだ」とあるが「なぜか」と聞かれて、「K助はテストで0点を取ったが、テストで0点を取るものはバカだから」と答えるタイプの問題です。従来はこの二種類を区別せずに考えていました。その結果、理由説明問題の解答は割れて論争を呼び続けてきました。

今回はこの難しい「理由説明問題」に明確な指針を与えます。その意味で、今回学ぶ内容はまさに「プラチナルール」と呼ぶにふさわしいものだと言えるでしょう。

プラチナルール 07

傍線部理由説明問題は、「飛躍している部分」の説明が解答

評論文では「判断の根拠」をとらえて「論証」させるタイプの理由説明問題がよく出ます。ということで、テーマ2では評論文における「なぜか」の問題を扱います。

まず、傍線部のある一文の構造を分析します。ここは「どういうことか」と同じですね。一文の構造をとらえるというのはあらゆる設問の基礎ですから、苦手な人は徹底して練習しましょう。

次に、「ポイント」ですが、理由説明問題は内容説明問題と異なり、言葉の意味そのものはわかりやすい場合が多いです。例えば「理由説明問題なんて、簡単だ」という文で使われている単語の意味は皆さんわかりますよね。しかし、「理由説明問題」と「簡単」がつながらないため、わかりにくいと感じる人が多いのです。理由説明問題のポイントはこの**「つながらない＝飛躍（A→×）」**だったのです。

最後に、傍線部の周りにある「解答の根拠」となる文を探しましょう。**解答の根拠となる文は「飛躍（A→×）」を埋める「Aの説明」です。**例えば、「理由説明問題（A）なんて、簡単だ（×）」「なぜなら、理由説明問題は傍線部のある一文の飛躍をとらえて、飛躍を埋める説明を探せば解ける（Aの説明）からだ」とすれば飛躍を埋めることができます。

それでは実際の問題を解いてみましょう。

実践問題4

法政大学　２０１９年

目標解答時間　3分

次の文章を読んで、後の問いに答えよ。

実際に電子出版を勧められると、少々動揺した。私の本はそう売れるわけでもないし、ましてや宇宙論の硬い本だから売れ行きが悪いのは目に見えている。この出版不況の時代に出版社は慈善事業をしているようなものである。手軽に電子出版ができるなら、出版社の顔を少しは立てられるかもしれない（私は出版社に対しては優しい人間なのである）。きれいな写真を売り物にした本ではなく、書いている中身で勝負のつもりなのだが、写真が人目を惹いて電子本を手に取る人がいればファンが少しは増えるかもしれない（本が売れて欲しいという色気もあるのだ）。というわけで、今どうしようかと悩んでいる最中である。

子どもの理科離れが話題になっているが、その根源には実は大人の理科離れがある。科学は難しく取っつきにくいのがその理由だが、それだけではない。科学は専門家にお任せして、その成果を利用するだけで満足している大人ばかりになったためだ。科学に無関心の大人であっても、ちょっと振り向いてもらいたい、そんな思いで本を書こうという気になる。ならば、電子書籍という形ではあっても、科学に近づく人間が増えればいいことではないか。また科学の本には一般の文芸作品や論説本とは違った側面があるのではないかとつらつら考えてみた。

文学の作品はこれ一つしかないという意味で永遠だが、科学の本はその知見が次々と書き換えられていく運命にある。科学は積み上げで成り立っており、先人の仕事を乗り越えつつ、時代に制約された実験技術の下でとりあえずの結論を提示するしかないからだ。その意味で本の寿命は短く、たった数年前の出版なのに入手できなくなってしまう。ましてや、私の本などは一年も経たないうちに店頭から姿を消すのが普通で、空しく裁断されて煙となっているのだろう。そう思えば紙の本であることに、少なからざる罪の意識が生じる。単なる資源の浪費ではないか、と。電子書籍であれば、ほんの少しのシリコンを占領するだけで済むばかりでなく、時間を超えて保存してくれるから空しさも帳消しになるかもしれない。記録媒体としての電子書籍は評価すべきなのだろう。

（池内了「本の棲み分け」より）

問　傍線部「記録媒体としての電子書籍は評価すべき」と著者が考える理由は何か。その理由として最も適切なものをつぎの①〜⑤の中から一つ選び、その番号を解答欄にマークせよ。

① 電子書籍を利用することで、きれいな写真を多く使い、本を手にとってもらうことが可能だから。
② 紙の本にこだわることで出版社の意向をないがしろにすることになってしまうことを避けられるから。
③ 電子出版ならほんの少しのシリコンを占領するだけで済み、資源を浪費しなくて済むから。
④ 大人の理科離れを取り戻し、科学に近づく人間を増やせるから。
⑤ 紙の本では一年もたたないうちに店頭から姿を消して、裁断されてしまうから。

ステップ1 傍線部を含む一文を分析する。〔文構造↓ポイント〕

A 〈記録媒体としての電子書籍は〉（主部）

←

× 評価すべきなのだろう。（述部）

文の構造を分析すると、主部は「記録媒体としての電子書籍は」となっており、述部は「評価すべきなのだろう」となっています。ここに「飛躍」があると考えてください。そうすれば、「電子書籍（A）」の説明を求めれば良いことがわかります。

ステップ2 解答の根拠をとらえる。〔周囲の文を見る〕

第三段落

文学の作品はこれ一つしかないという意味で永遠だが、科学の本はその知見が次々と書き換えられていく運命にある。科学は積み上げげで成り立っており、先人の仕事を乗り越えつつ、時代に制約された実験技術の下でとりあえずの結論を提示するしかないからだ。その意味で本の寿命は短く、たった数年前の出版なのに入手できなくなってしまう。ましてや、私の本などは一年も経たないうちに店頭から姿を消すのが普通で、空しく裁断されて煙となっているのだろう。そう思えば紙の本であることに、少なからざる罪の意識が生じる。

単なる資源の浪費ではないか、と。電子書籍であれば、ほんの少しのシリコンを占領するだけで済むばかりでなく、時間を超えて保存してくれるから空しさも帳消しになるかもしれない。〈記録媒体としての電子書籍は〉評価すべきなのだろう。

Aの説明

「記録媒体としての電子書籍」の説明は直前の文にあります。この部分をとらえれば、「評価すべき」良いものであるとわかります。

ステップ3 記述解答から選択肢へ。

ステップ2で、電子書籍の評価すべき点について、次の解答が得られました。

「電子書籍ならば記録媒体としての電子書籍はほんの少しのシリコンを占領するだけで済むばかりでなく、時間を超えて保存してくれるから」

この解答に近い選択肢を選びましょう。正解は③「電子出版ならほんの少しのシリコンを占領するだけで済み、資源を浪費しなくて済むから。」です。「記録媒体としての電子書籍」の説明をしているのはこの選択肢しかありません。

他の選択肢を検討しましょう。②と⑤は「紙の本」の説明となっているため、誤りとなります。①と④は「電子書籍」の説明ではありますが、「記録媒体としての」説明でないため誤りです。

もう一問解いてみましょう。

実践問題5

法政大学　２０１９年

目標解答時間　3分

次の文章を読んで、後の問いに答えよ。

研究を組織するには、まず特定の現象を選び出し、その現象を引き起こす原因を求めて因果関係を設定しなければならない。しかしもちろん、すべての研究がこのような因果関係に基く仮説を立てるだけで終るのであったなら、それは経験科学とは言えないであろう。仮説を立てた研究者は、次にその仮説を経験的事実に合わせて、テストしなければならない。検証と呼ばれるこの過程はいわば「われわれの頭のなかにある像」を、「現実の世界」と照らし合わせて、その間に相違がないか否かを調べる過程に似ている。

しかしながら、ここでわれわれは頭のなかの像と現実との差だけでなく、抽象と経験的事実のことを考えに入れなければならない。確かに科学における検証とは、リップマンの言う「われわれの頭のなかの像」と、「現実の世界」とをつき合わせて、より正確な像をわれわれの頭のなかに描く過程に似ている。しかし科学における「頭のなかの映像」とは、現実の世界と比較して、より抽象的な、より一般的な、より適用範囲の広い、従って問題解決により役立つ映像なのである。ここで私たちは仮説の問題から一歩進んで、概念と理論のことを、考えなければならない。

（高根正昭『創造の方法学』より）

問　傍線部「それは経験科学とは言えない」とあるが、それはなぜか。筆者の考えとして最も適切なものをつぎの①〜⑤の中から一つ選び、その番号を解答欄にマークせよ。

① 経験科学は、特定の現象を選び、その現象を引き起こす原因を因果関係の図式で分かりやすく表現すべきものだから。

② 経験科学は、「頭のなかの映像」の中でも抽象的で、一般的な、適用範囲の広い、問題解決に役立つ映像でなければならないから。

③ 経験科学は、特定の現象とその原因について、因果関係に基づく仮説を立て、その仮説を検証する一連の過程から成るものだから。

④ 経験科学は、特定の現象を選び出すだけでなく、それに関わる経験的な事実を丹念に集める過程を必ず含むものだから。

⑤ 経験科学は、「現実の世界」を人々がどのようにとらえているかを、人々の「頭のなかの映像」を調べることで明らかにしようとするものだから。

ステップ1　傍線部を含む一文を分析する。〔文構造→ポイント〕

しかしもちろん、

A　〈すべての研究が〉このような因果関係に基く仮説を立てるだけで終るのであったなら（条件）、

×　←　〈それは〉（主部）経験科学とは言えない（述部）であろう。

文の構造を分析すると、主部は「それは」となっており、述部は「経験科学とは言えないであろう」となっています。

そして「それ」の指示内容は「因果関係に基く仮説を立てるだけの研究」となります。この指示内容と述部に「飛躍」があると考えて、「因果関係に基く仮説を立てるだけの研究」の説明（Aの説明）を求めます。

ステップ2　解答の根拠をとらえる。〔周囲の文を見る〕

第一段落

研究を組織するには、まず特定の現象を選び出し、その現象を引き起こす原因を求めて因果関係を設定しなければならない。しかしもちろん、すべての研究がこのような因果関係に基く仮説を立てるだけで終るのであったなら、〈それは〉経験科学とは言えないであろう。仮説を立てた研究者は、次にその仮説を経験的事実に合わせて、テストしなければならない。検証と呼ばれるこの過程はいわば「われわれの頭のなかにある像」

を、「現実の世界」と照らし合わせて、その間に相違がないか否かを調べる過程に似ている。

「因果関係に基く仮説を立てるだけの研究」の説明（Aの説明）を求めると、次の文に「仮説を立てた研究者は、次にその仮説を経験的事実に合わせて、テストしなければならない」とありますから、研究は「仮説」を立てて「その仮説を経験的事実に合わせて、テスト（検証）」してはじめて経験科学と言えるのです。

プラチナルール 08
主張の根拠が二つセットになっている場合は、「結合論証」と考える

今回とらえたポイントは次の二つです。

根拠A　すべての研究がこのような因果関係に基く仮説を立てるだけで終る

＋

根拠B　仮説を立てた研究者は、次にその仮説を経験的事実に合わせて、テストしなければならない

このA・Bの二つがセットになって、傍線部の主張を導いています。このように根拠が二つセットになって一つの主張を導いている論証を「**結合論証**」と言います。

ステップ3　記述解答から選択肢へ。

ステップ2で、次の解答が得られました。

「仮説を立てた研究者は、次にその仮説を経験的事実に合わせて、検証しなければならないのだが、検証せずに因果関係に基く仮説を立てるだけで終わっているから」

この解答に近い選択肢を選びましょう。正解は③「経験科学は、特定の現象とその原因について、因果関係に基づく仮説を立て、その仮説を検証する一連の過程から成るものだから。」です。「仮説」と「検証」の両方をとらえているものが③しかないので、これを正解とします。

他の選択肢を検討しましょう。①は「因果関係の図式＝仮説（A）」のみしか解答していないため、誤りとなります。経験科学には「仮説」と「検証」の二つが必要なのに「仮説」しかないから、経験科学とは言えないのです。②は「検証」の説明がないため誤りです。④は「仮説」も「検証」もないため誤りです。⑤は「検証」と似ているものを解答しており、「検証」そのものを解答していないため、誤りです。

最後にもう一問やってみましょう。

実践問題6　東洋大学　２０１９年　目標解答時間 **3分**

次の文章を読んで、後の問いに答えよ。

名づけは、漠然とした全体に区別と差異を入れて分解しながら全体を理解するための基本的作業である。人間の一つ一つの相互行為について名づけをすることも、相互行為のなかに含まれる。名づけは人間の自己理解の仕方であり、それによって人間は自分が生きている世界とそのなかで生きる自己を理解する。その理解の仕方が想像的神話的であろうと、理性的科学的であろうと、二つは理解の仕方としては同等の資格をもつ。

ともあれ人間はまず事物について、そして相互行為について名前を付与せずには生きることができない。身体を維持する行動をどのような名前で呼ぼうと、またその行動が交渉する対象にどのような名前を与えようと、命名法としては同等である。われわれはある行動を習慣的に労働と呼び、労働の相手を自然と呼ぶが、別の呼び方があっても構わないし、どのような意味をそれらに与えようと構わない。命名は人間の自己理解の仕方であり、それが相互行為の基礎的で基本的な構成要素であることが確認できればここでは十分である。

（今村仁司『交易する人間』より）

問　傍線部「命名法としては同等」とあるが、なぜそのようにいえるのか。その説明として最も適切なものを、次の中から一つ選べ。

① 相互行為につける名前は厳密である必要はないから
② 命名とは漠然とした全体を分解し自己理解することだと理解できればいいから
③ 人間は事物や相互行為について名前を付与せずには生きることができないのだから
④ 想像的神話的な名づけか、理性的科学的な名づけかの異なりで評価が決まるわけではないから
⑤ 命名は人間の自己理解の仕方であり、それが相互行為の基礎的で基本的な構成要素にすぎないから

ステップ1 傍線部を含む一文を分析する。［文構造↓ポイント］

A 身体を維持する行動をどのような名前で呼ぼうと、①
また
その行動が交渉する対象にどのような名前を与えようと、②
←
×（それら①＋②は）命名法としては同等である。
（主語省略）（述部）

文の構造を分析すると、主部は「それらは」が省略された形になっており、述部は「同等である」となっています。すると傍線部は「行動をどのような名前で呼ぶか」「対象をどのような名前で呼ぶか」について説明しているとわかります。「行動」と「対象」ですから、「違う」ものについて言っているように思えますが、「同等」であると筆者は言っています。ここに「飛躍」がありますね。

では、飛躍を埋める「行動の命名（A①）」「対象の命名（A②）」の説明を求めにいきましょう。

ステップ2 解答の根拠をとらえる。［周囲の文を見る］

第二段落

ともあれ人間はまず事物について、そして相互行為について名前を付与せずには生きることができない。

身体を維持する行動をどのような名前で呼ぼうと、またその行動が交渉する対象にどのような名前を与えようと、命名法としては同等である。〈われわれは〉ある行動を習慣的に労働と呼び、労働の相手を自然と呼ぶが、別の呼び方があっても構わないし、どのような意味をそれらに与えようと構わない。）〈命名は〉人間の自己理解の仕方であり、それが相互行為の基礎的で基本的な構成要素であることが確認できればここでは十分である。

まず、第二段落は「ともあれ」という接続表現で始まっています。これは「前の議論はさておいて」という意味ですから、前の段落は根拠にはならないだろうと考えましょう。そして「行動をどのような名前で呼ぶか」「対象をどのような名前で呼ぶか」に関しては、傍線部の次の文に「われわれはある行動を習慣的に労働と呼び、労働の相手を自然と呼ぶ」という具体例があります。そして、その「命名」の説明が「人間の自己理解の仕方であり、それが相互行為の基礎的で基本的な構成要素である」とあります。すると、「行動の命名」だろうと「対象の命名」だろうと、**いずれにせよ**「人間の自己理解の仕方であり、それが相互行為の基礎的で基本的な構成要素である」となりますので、「同等」だということになるのです。

プラチナルール 09

「いずれにせよ」は異質なものが実は同じであることを示す

ステップ3 記述解答から選択肢へ。

ステップ2で、次の解答が得られました。

「人間の行動をどう命名するかも、行動の対象をどう命名するかも、いずれにせよ人間の自己理解の仕方であり、それが相互行為の基礎的で基本的な構成要素であるから」

この解答に近い選択肢を選びましょう。正解は⑤「命名は人間の自己理解の仕方であり、それが相互行為の基礎的で基本的な構成要素にすぎないから」となります。「A↓×」の「Aの説明」になっているのは②か⑤しかありません。今回とらえた根拠に近い⑤を選びましょう。

他の選択肢を検討しましょう。①は「相互行為につける名前は」③は「人間は」④は「想像的神話的な名づけか、理性的科学的な名づけか」が誤りです。「A↓×」の「A」がそもそも違います。②は「漠然とした全体を分解し自己理解することだと理解できればいい」が誤りです。「ともあれ」の前の第一段落に書かれている内容なので、今回の「Aの説明」として考えてはいけません。さらに、第一段落の文を細かく見ると、

本文　名づけは人間の自己理解の仕方であり

選択肢②　命名とは漠然とした全体を分解し自己理解することだ

とあり、「自己理解の仕方」と「自己理解すること」と異なっています。二択で迷ったら、「本文と選択肢」を見比べましょう。

プラチナルール10

二択で迷ったら、「本文と選択肢」を見比べる

テーマ 3

心情把握問題

小説や随筆などの文芸的文章では、登場人物や筆者の「気持ち」を問う問題がよく出題されます。「気持ち」は見えないものです。ですから、文章において必ずしも書かれているとは限りません。では、どうやって読み取るのかと思いますよね。想像力、感受性、センスといったものが必要なのでしょうか。

実は大学入試現代文の心情読解にはそのようなものは一切必要ありません。なぜ必要ないかというと、大学入試で出題される小説は極めて限定されたものだからです。

小説といってもいろいろなジャンルがあります。例えば、「ミステリ小説」「SF小説」「ファンタジー小説」などというジャンルがありますが、これらは想像の世界で遊ぶものです。ところが、大学入試ではこれらのジャンルの小説は出題されません。大学入試で出題されるのは「リアリティ小説」という極めて限られたジャンルの小説なのです。

「リアリティ小説」は、現実においてもありうる因果関係によって紡がれます。ですから、必要なのは与えられた前提から正しく帰結を導くための「**論理的思考力**」です。本書では心情把握に必要な論理的思考力を、誰でも使いこなし再現できるようにしました。今回は見えない心情をとらえるためのとっておきのルールを教えます。

プラチナルール 11

心情把握問題は主語と原因、心情、結果をとらえる

まず、傍線部のある一文の構造を分析します。**小説や随筆では「主語」がよく省略されます**から、省略には特に注意しましょう。**「誰が、何をした」**のかとらえるようにしてください。

次に「ポイント」ですが、傍線部の中に「原因」「心情」「結果」のうちどれがあるのかをつかみましょう。心情把握において重要なのはこれら三つのセットをとらえることなのです。

原因……客観的事態・個人的事情のこと。
心情……原因が引き起こす人物の心の動き。原因がないのに心情が発生するということは、少なくとも大学入試の小説ではありません。
結果……心情をもとに起こる行動・反応・発言。

最後に、周囲の文章に解答の根拠を求めます。傍線部にあった「原因」「心情」「結果」と対応する要素を探します。例えば、傍線部が「結果」であれば、「原因」「心情」を周囲に求めます。

では、実際に問題を解いてみましょう。

実践問題7

センター試験　2003年

目標解答時間　3分

次の文章を読んで、後の問いに答えよ。

カツノリくんが、疾走している列車から落ちて死んだのは、それから十数年たった昭和四十年のことであった。当時、彼は医科大学の三回生で、山岳部に属していたから、私はカツノリくんの死を知って、てっきり山で遭難したものと思ったが、彼は山岳部の仲間と冬の穂高へ向かう中央本線の列車から転落したのであった。どこでどうやって転落したのか、同行していた仲間の誰もが気づかなかったということだった。なぜそんな事故が起こったのか、原因は結局あいまいなままになったが、そのカツノリくんの葬儀に、私は二、三人の友人とつれだって参列した。まだ現役の医者として、かくしゃくと患者の診察にあたっていたお祖父さんは、その日も決して取り乱すことなく無表情に坐《すわ》っていた。私たちは焼香をすますと、そそくさとその場を辞した。

（宮本輝『寝台車』より）

問　傍線部「私たちは焼香をすますと、そそくさとその場を辞した」とあるが、このときの「私」の心情はどのようなものか。その説明として最も適当なものを、次の①～⑤のうちから一つ選べ。

① 「私」とカツノリくんの家族との感情的な行き違いを強く意識させられ、力になれないむなしさを覚えている。

② 肉親の死に取り乱すこともなく座っている冷静なお祖父さんの姿に、反発めいた気持ちを抱いている。

③ 葬儀に参列した同級生や友人の数があまりに少なく、お祖父さんが不愉快な思いでいるのではないかと心配している。

④ カツノリくんを失ったお祖父さんの哀しみを推し量り、言葉を交わすことへのとまどいを感じている。

⑤ 真相がよくわからないカツノリくんの突然の死に対して、不審な思いを打ち消すことができないでいる。

ステップ1 傍線部を含む一文を分析する。［文構造↓ポイント］

〈私たちは〉（主部）焼香をすますと、（接続部）／そそくさとその場を辞した。（述部）

文の構造を分析すると、主部は「私たちは」となっており、述部は「そそくさとその場を辞した」となっています。今回は「私」の「心情」が問われているので、傍線部は「結果（行動）」と考えます。「心情」と「結果」は同じ人物のものになりますが、それに対して、**「原因」は他の人物が主語である場合が多い**です。

ステップ2　解答の根拠をとらえる。［周囲の文を見る］

全文

〈カツノリくんが、疾走している列車から落ちて死んだのは〉、それから十数年たった昭和四十年のことであった。当時、〈彼は〉医科大学の三回生で、山岳部に属していたから、私はカツノリくんの死を知って、てっきり山で遭難したものと思ったが、〈彼は〉山岳部の仲間と冬の穂高へ向かう中央本線の列車から転落したのであった。どこでどうやって転落したのか、同行していた仲間の誰もが気づかなかったということだった。〈なぜそんな事故が起こったのか、原因は〉結局あいまいなままになったが、／そのカツノリくんの葬儀に、〈私は〉二、三人の友人とつれだって参列した。〈まだ現役の医者として、かくしゃくと患者の診察にあたっていたお祖父さんは〉、その日も決して取り乱すことなく無表情に坐《すわ》っていた。私たちは焼香をすますと、そそくさとその場を辞した。

「原因」は「カツノリくんのお祖父さんが、カツノリくんの葬儀の日も決して取り乱すことなく無表情に坐っていた」です。私の「心情」は書かれていません。このような場合は「原因」と「結果」から「心情」を推測します。その「原因」から導けるか、「結果」の行動につながるかをチェックしていきましょう。

プラチナルール 12

「心情」が書かれていない場合は、「原因」と「結果」から推測する

ステップ3　記述解答から選択肢へ。

ステップ2で、次の解答が得られました。

「カツノリくんの葬儀の日も決して取り乱すことなく無表情に坐っていたカツノリくんのお祖父さんに対して、話しかけられないような気まずい気持ちになっている」

この解答に近い選択肢は④「カツノリくんを失ったお祖父さんの哀しみを推し量り、言葉を交わすことへのとまどいを感じている。」です。「原因」が「カツノリくんのお祖父さん」になっています。そして「言葉を交わすことへのとまどい」の結果「そそくさとその場を辞す」という行動に出たと考えられます。

他の選択肢を検討しましょう。①は「カツノリくんの家族との感情的な行き違い」という部分が今回とらえた「原因」でないため誤りです。②は注意が必要です。「肉親の死に取り乱すこともなく座っている冷静なお祖父さんの姿」という「原因」は合っています。しかし、「反発めいた気持ち」が「結果」の「そそくさとその場を辞す」につながらないため、誤りとなります。「反発めいた気持ち」になったら「お祖父さんをにらむ」などの結果につながります。「私」の方が後ろめたい気持ちになっているから、「そそくさとその場を辞す」のです。③は「お祖父さんが不愉快な思いでいる」が誤りです。お祖父さんは「取り乱すことなく無表情」です。⑤は「原因」が違うため誤りです。

次の文章を読んで、後の問いに答えよ。

あの朝、祐介が帰る寸前に、前夜聞いた話を小説にしたいと私が言い出すと、祐介は最初は驚いた顔を見せ、次に当惑した顔を見せたのである。小説家としてやっていこうという人間に「小説のような話」をもって来て、それを小説にしたいと言われて驚くことはないだろう、と私は内心思った。だが祐介の当惑はよく理解できた。「小説のような話」を祐介に話して聞かせた日本の女の人のことを考えれば当然であった。私は祐介のその当惑を前に、自分のひるむ気持ちを抑えた。そして、その女の人に迷惑がかからないよう、名前や設定を変え、人が読んでも登場人物の正体が簡単にはわからないように書くつもりであると続けた。祐介は、どうでしょう、とだけ短く応《こた》えて口をつぐんだ。しばらく沈黙があった。私は前夜の自分の昂揚感を呼び起こし、ひるむ気持ちをなおも抑えた。そして自分からは沈黙を破ろうとはしなかった。そんな私を見て祐介は思い直してくれたらしい。ややあって、何かを振り切るようにして、いいんじゃないですか、小説にするのも……小説にするのも、考えてみれば面白いかもしれません、と言ってくれ、そのうえ信州の地図を送ると約束してくれたのである。郵便には手書きの地図が二枚とコンピューターで打った原稿が数枚入っていた。地図の方は「信《しな》濃追分《のおいわけ》」と「旧軽井沢」の地図で、それぞれに「ココ」と山荘の位置が示されている。原稿の方は「土屋冨《ふ》美子《みこ》の話の覚え書き」という題がついていた。原稿というより、年表のようなものであった。簡単な手紙が添えられており、「信濃追分」の山荘は壊されてしまったが、「旧軽井沢」の山荘は多分まだ残っているであろう、と書いてある。最後に祐介のEメイルのアドレスが添えてあった。私は「土屋冨美子の話の覚え書き」を、私自身が作っていた覚え書きと一緒にしながら、コンピューターに入力した。

（水村美苗『本格小説』より）

問　傍線部「いいんじゃないですか、小説にするのも……小説にするのも、考えてみれば面白いかもしれません」とあるが、祐介はなぜそう言ったのか。その説明として最も適当なものを、次の①〜⑤のうちから一つ選べ。

①　祐介は、自分が話したことは、小説という形式で人の心に訴えかけるような力をもったものではないと考えていたのでためらっていたが、「私」が沈黙を破ろうとしない態度を見て根負けし、気が進まないながらも抵抗をあきらめたから。

②　祐介は、自分が話したことは、事実の話として興味深いものであり、小説になることは思いもよらなかったので当惑したが、「私」の沈黙に覚悟を感じとり、小説という形式で書きたいという「私」の望みを受け入れることにしたから。

③　祐介は、自分が話したことは、事実であるからこそ人を感動させる破天荒な話であり、小説向きではないと考えていたので驚いたが、「私」と話すうちに小説家としての力量に魅せられ、「私」にまかせてみようと考えるようになったから。

④　祐介は、自分が話したことは、事実をもとにした「小説のような話」にすぎないと考えていたので戸惑ったが、小説家である「私」へ素材を提供することをいやがっていると思われるのが不本意だったので、「私」にゆだねることにしたから。

⑤　祐介は、自分が託したことは、そのまま小説に書いてしまうと、現実に存在する場所が登場し実在の人に迷惑を与えるのでひるんだが、実名を伏せて書けばよいという「私」の説得に考え直し、迷惑について

気にしなくなったから。

ステップ1　傍線部を含む一文を分析する。［文構造↓ポイント］

> ややあって、何かを振り切るようにして、（祐介は）
> ［結果＝発言］いいんじゃないですか、小説にするのも……小説にするのも、考えてみれば面白いかもしれません、
> ［述部①］と言ってくれ、／そのうえ信州の地図を送ると［述部②］約束してくれたのである。

文の構造を分析すると、主部は省略されていますが設問により「祐介」であるとわかります。述部は「〜、と言ってくれ」と「〜と約束してくれたのである」の二つがあります。今回の問題は「なぜか」と問われていますが、**小説文の「なぜか」は「論証」ではなく「因果関係」を把握する問題**だと考えましょう。

ステップ2 解答の根拠をとらえる。［周囲の文を見る］

1～11行目

あの朝、祐介が帰る寸前に、前夜聞いた話を小説にしたいと私が言い出すと、祐介は最初は驚いた顔を見せ、次に当惑した顔を見せたのである。小説家としてやっていこうという人間に「小説のような話」をもって来て、

～（中略）～

人が読んでも登場人物の正体が簡単にはわからないように書くつもりであると続けた。祐介は、どうでしょう、とだけ短く応《こた》えて口をつぐんだ。しばらく沈黙があった。私は前夜の自分の昂揚感を呼び起こし、ひるむ気持ちをなおも抑えた。そして自分からは沈黙を破ろうとはしなかった。そんな私を見て祐介は思い直してくれたらしい。ややあって、何かを振り切るようにして、いいんじゃないですか、小説にするのも……小説にするのも、考えてみれば面白いかもしれません、と言ってくれ、そのうえ信州の地図を送ると約束してくれたのである。

「前夜聞いた話を小説にしたいと私が言い出すと、祐介は最初は驚いた顔を見せ、次に当惑した顔を見せたのである」という文から、祐介は最初は「当惑」というマイナスの心情でした。ところが、傍線部では「面白いかもしれません」というプラスの心情に変化しています。このように心情が変化した場合は「心情A→心情B」と「変化の原因」をとらえると解答することができます。

プラチナルール13

「心情の変化」は心情Aから心情Bへの「変化の原因」をとらえる

原因A	祐介が帰る寸前に、前夜聞いた話を小説にしたいと私が言い出すと、
↓ 心情A	祐介は最初は驚いた顔を見せ、次に当惑した顔を見せたのである。
↓ 変化の原因	私は前夜の自分の昂揚感を呼び起こし、ひるむ気持ちをなおも抑えた。そして自分からは沈黙を破ろうとはしなかった。そんな私を見て
↓ 心情B	祐介は思い直してくれた（心情の変化）
↓ 結果（発言）	いいんじゃないですか、小説にするのも……小説にするのも、考えてみれば面白いかもしれません

ステップ3　記述解答から選択肢へ。

ステップ2で、次の解答が得られました。

「祐介が帰る寸前に、前夜聞いた話を小説にしたいと『私』が言い出すと、祐介は最初は驚いた顔を見せ、次に当惑

した顔を見せたが、自分からは沈黙を破ろうとはしない『私』を見て思い直し、『私』の提案を前向きに受け入れようとしたから」

この解答に近い選択肢は②「祐介は、自分が話したことは、事実の話として興味深いものであり、小説になることは思いもよらなかったので当惑したが、『私』の沈黙に覚悟を感じとり、小説という形式で書きたいという『私』の望みを受け入れることにしたから。」です。「心情A→心情B」の変化と「変化の原因」が合っています。

他の選択肢を検討しましょう。①は「気が進まないながらも抵抗をあきらめた」とプラスの心情に変化していないため、誤りとなります。③は「『私』と話すうちに小説家としての力量に魅せられ」が誤りです。変化の原因は「沈黙」でした。

④は「小説家である『私』へ素材を提供することをいやがっていると思われるのが不本意だった」という「変化の原因」が誤りです。⑤は「実名を伏せて書けばよいという『私』の説得」が誤りです。このときには「どうでしょう、とだけ短く応《こた》えて口をつぐんだ」とあり、まだ変化していません。

もう一問やってみましょう。これまでの二問より長文ですので、じっくり取り組んでください。

実践問題9

センター試験　2013年

目標解答時間　**3分**

次の文章を読んで、後の問いに答えよ。

「ただでさえ狭いのにこれ邪魔で仕様がない。まさか棄てるわけにもゆかず。」

母は押入の隅に嵩張《かさば》っている(注1)三尺程も高さのある地球儀の箱を指差した。——私は、ちょっと胸を突

かれた思いがして、辛うじて苦笑いを堪《こら》えた。そうして、

「邪魔らしいですね。」と慌てて云った。何故《なぜ》なら私はこの間その地球儀を思い出して一つの短篇《たんぺん》を書きかけたからだった。

それはこんな風に極めて感傷的に書き出した。——『祖父は（注2）泉水の隅の燈籠《とうろう》に灯を入れて来ると再び自分独りの黒く塗った膳《ぜん》の前に胡坐《あぐら》をかいて独酌を続けた。同じ部屋の丸い窓の下で、虫の穴が処々《ところどころ》にあいている机に向《むか》って彼は母から（注3）ナショナル読本を習っていた。

「（注4）シイゼエボオイ・エンドゼエガアル」と。母は静かに朗読した。竹筒の置ランプが母の横顔を赤く照らした。

「スピンアトップ・スピンアトップ・スピンスピンスピン——回れよ独楽《こま》よ、回れよ回れ。」と彼の母は続けた。

「勉強が済んだら此方へ来ないか、大分暗くなった。」と祖父が云った。母はランプを祖父の膳の傍《そば》に運んだ。

彼は縁側へ出て汽車を走らせていた。

「純一や、御部屋へ行って地球玉を持ってきて呉《く》れないか。」と祖父が云った。彼は両手で捧《ささ》げて持って来た。

祖父は膳を片附けさせて地球儀を膝《ひざ》の前に据えた。祖母も母も呼ばれてそれを囲んだ。彼は母の背中に凭《よ》り掛って肩越しに球を覗《のぞ》いた。

「どうしても俺《おれ》にはこの世が丸いなどとは思われないが……不思議だなア！」祖父はいつもの通りそんなことを云いながら二三遍グルグルと撫《な》で回した。「ええと、何処だったかね、もう分らなくなってしまった、おい、ちょっと探して呉れ。」

こう云われると、母は得意げな手附《てつき》で軽く球を回して直《す》ぐに指でおさえた。

「フエーヤー？　フエーヤー……チョッ！　幾度聞いても駄目だ、直ぐに忘れる。」

「（注5）ヘーヤーヘブン。」と母は立所《たちどころ》に云った。

それは彼の父（祖父の長男）が行っている処の名前だった。彼は写真以外の父の顔を知らなかった。

「日本は赤いから直ぐ解《わか》る。」

祖父は両方の人差指で北米の一点と日本の一点とをおさえて、

「どうしても俺には、ほんとうだと思われない。」と云った。

祖父が地球儀を買って来てから毎晩のようにこんな団欒《だんらん》が醸された。地球が円いということ、米国が日本の反対の側にあること、長男が海を越えた地球上の一点に呼吸していること――それらの意識を幾分でも具体的にするために、それを祖父は買って来たのだった。

「何処までも穴を掘って行ったら仕舞にはアメリカへ突き抜けてしまうわけだね。」

こんなことを云って祖父は、皆なを笑わせたり自分もさびしげに笑ったりした。

「純一は少しは英語を覚えたのかね。」

「覚えたよ。」と彼は自慢した。

「大学校を出たらお前もアメリカへ行くのかね。」

「行くさ。」

「若《も》しお父さんが帰って来てしまったら？」

「それでも行くよ。」

そんな気はしなかったが、間が悪かったので彼はそう云った。彼はこの年の春から（注6）尋常一年生になる筈《はず》だった。

「いよいよ小田原にも電話が引けることになった。」

或る晩祖父はこんなことを云って一同を驚かせた。「そうすれば東京の義郎とも話が出来るんだ。」

「アメリカとは？」彼は聞いた。

「海があっては駄目だろうね。」

祖父は真面目《まじめ》な顔で彼の母を顧みた。

彼は誰《だれ》も居ない処でよく地球儀を弄《もてあそ》んだ。グルグルと出来るだけ早く回転さすのが面白かった。そして夢中になって、

「早く廻《まわ》れ早く廻れ、スピンスピンスピンスピン。」などと口走ったりした。するといつの間にか彼の心持は「早く帰れ早く帰れ。」という風になって来るのだった。』

そこまで書いて私は退屈になって止《や》めたのだった。いつか心持に余裕の出来た時に（注7）お伽噺《とぎばなし》にでも書き直そうなどと思っているが、それも今まで忘れていたのだった。球だけ取り脱《はず》して、よく（注8）江川の玉乗りの真似《まね》などして、

「そんなことをすると罰が当《あた》るぞ。」などと祖父から叱《しか》られたりした事を思い出した。

「古い地球儀ですね。」

「引越しの時から邪魔だった。」

それからまた父の事がうっかり話題になってしまった。

「私はもうお父さんのことはあきらめたよ。家は私ひとりでやって行くよ。」と母は堅く決心したらしくきっぱりと云った。私はたあいもなく胸が一杯になった。そうして口惜《くや》しさの余り、

「その方がいいとも、帰らなくったっていいや、……帰るな、帰るなだ。」と（注9）常規を脱した妙な声で口走ったが、丁度『お伽噺』の事を思い出した処だったので、突然テレ臭くなって慌てて母の傍を離れた。

（牧野信一『地球儀』より）

注1　三尺——約九〇センチメートル。

注2　泉水――庭園につくった池。
注3　ナショナル読本――明治時代の英語教科書の一つ。
注4　シイゼエボオイ・エンドゼエガアル――「その少年と少女を見よ」の意味。
注5　ヘーヤーヘブン――アメリカ合衆国マサチューセッツ州にある地名。
注6　尋常一年生――現在の小学校に当たる旧制の初等学校の一年生。
注7　お伽噺――当時は、昔話や伝説だけではなく、子ども向け物語の総称としても使われた。
注8　江川の玉乗り――明治時代、東京で人気を集めた江川作蔵《えがわさくぞう》一座の曲芸、あるいはその芸人。
注9　常規――常識。ものごとの標準。

問　傍線部「突然テレ臭くなって慌てて母の傍を離れた」のはなぜか。その理由の説明として最も適当なものを、次の①～⑤のうちから一つ選べ。

① 父には頼らない生活を始めるという母の決意を頼もしく受け止めたが、今後も父親からの金銭的援助をあてにしている自分を思い出し、母の決意とかけ離れている自分を恥ずかしく感じたから。
② 父との決別による困窮を覚悟する母に同調せざるを得なかったが、短篇の執筆にかまけるなど母に頼るばかりの自分の生活を改めて意識し、経済的に自立できていない自分を恥ずかしく感じたから。
③ 新たな生活をしようとする母を支えていくと宣言したが、夢想がちであった子ども時代の思い出に浸り続けていたことを思い返し、過去にばかりとらわれ現実を直視できない自分を恥ずかしく感じたから。
④ ひとりで家を支えていくという母の覚悟に心を大きく動かされたが、短篇の中に不在の父を思う温かな家族の姿を描いたことを改めて意識し、感情に流されやすく態度の定まらない自分を恥ずかしく感じたたか

ら。

⑤ 母を苦しめる父を拙《つたな》い言葉を用いてののしったが、大人に褒められたいとばかり考えていた幼い自分を短篇の中に描いたことを思い出し、いつまでも周囲に媚《こ》びる癖の抜けない自分を恥ずかしく感じたから。

ステップ1 傍線部を含む一文を分析する。［文構造↓ポイント］

心情A
そうして口惜《くや》しさの余り、

結果A＝発言
「その方がいいとも、帰らなくったっていいや、……帰るな、帰るなだ。」

と常規を脱した妙な声で口走ったが、

変化の原因
丁度『お伽噺』の事を思い出した処だったので、

心情B　結果B＝行動
突然テレ臭くなって慌てて母の傍を離れた。

文の構造を分析すると、主語の「私は」が省略された形になっており、述部は「母の傍を離れた」となっています。

ここには「心情の変化」のフレームがありますが、「因果関係」がつながるか考えてください。「お伽噺を思い出したところだったので、テレ臭くなって」というのは「因果関係」がつながりません。このように「因果関係」がつながらない場合は、もう一つ原因があると考えましょう。これが原因が二つセットになる「**結合原因の心情**」というフレームです。

プラチナルール 14

「因果関係」がつながらない場合は、「結合原因の心情」と考える

では、解答の根拠を求めましょう。「その方がいいとも、帰らなくったっていいや、……帰るな、帰るなだ。」という発言から、なぜ変化したのか。その変化の原因である「お伽噺」の内容をとらえます。

ステップ2 解答の根拠をとらえる。［周囲の文を見る］

4〜48行目

「邪魔らしいですね。」と慌てて云った。何故《なぜ》なら私はこの間その地球儀を思い出して一つの短篇《たんぺん》を書きかけたからだった。

それはこんな風に極めて感傷的に書き出した。――『祖父は(注2)泉水の隅の燈籠《とうろう》に灯を入れて来ると再び自分独りの黒く塗った膳《ぜん》の前に胡坐《あぐら》をかいて独酌を続けた。同じ部屋の丸い窓の下で、虫の穴が処々《ところどころ》にあいている机に向《むか》って彼は母から(注3)ナショナル読本を習っていた。

「(注4)シイゼエボオイ・エンドゼエガアル」と。母は静かに朗読した。竹筒の置ランプが母の横顔を赤く照

10 らした。

「スピンアトップ・スピンアトップ・スピンスピンスピン――回れよ独楽《こま》よ、回れよ回れ。」と彼の母は続けた。

～(中略)～

47 「早く廻《まわ》れ早く廻れ、スピンスピンスピンスピン。」などと口走ったりした。するといつの間にか彼の心持は「早く帰れ早く帰れ。」という風になって来るのだった。』

私が書いた『お伽噺』では「早く帰れ早く帰れ」とあります。つまり、父に対して「帰るな、帰るなだ」と言いながらも、『お伽噺』で「早く帰れ早く帰れ」と書いたことを思い出したので、テレ臭くなったのです。次の流れをおさえてください。

原因A 「その方がいいとも、帰らなくったっていいや、……帰るな、帰るなだ。」

＋

原因B 『お伽噺』↓「早く帰れ早く帰れ」

←

心情 (矛盾した発言をして)テレ臭くなって

←

結果 母の傍を離れた

ステップ3 記述解答から選択肢へ。

ステップ2で、次の解答が得られました。

「母に合わせて父に対して『帰るな、帰るなだ』と言いながらも、お伽噺の中では父を思って『早く帰れ早く帰れ』と書いていたことを思い出し、自分の発言が矛盾していることを恥ずかしく思ったから」

この解答に近い選択肢は④「ひとりで家を支えていくという母の覚悟に心を大きく動かされたが、短篇の中に不在の父を思う温かな家族の姿を描いたことを改めて意識し、感情に流されやすく態度の定まらない自分を恥ずかしく感じたから。」です。自分で矛盾したことを言ってしまい、態度が定まっていないことを指摘している選択肢は④だけです。

他の選択肢を検討しましょう。①は「今後も父親からの金銭的援助をあてにしている自分」、②は「短篇の執筆にかまけるなど母に頼るばかりの自分の生活」、③は「夢想がちであった子ども時代の思い出に浸り続けていた」、⑤は「大人に褒められたいとばかり考えていた幼い自分」が誤りです。『お伽噺』では、父に対して「早く帰れ早く帰れ」と思っていたのです。そしてそれが直前の発言と♛4矛盾しているところがポイントです。

最後にもう一問です。キーワードは「心情の交錯」です。

実践問題10　センター試験　2008年

目標解答時間　3分

次の文章を読んで、後の問いに答えよ。

次の文章は、夏目漱石の小説『彼岸過迄《ひがんすぎまで》』の一節である。「僕」と従妹《いとこ》の田口千代子は、幼いうちに「僕」の母が将来の結婚を申し入れた間柄である。父の死後、母は「僕」と千代子との結婚を強く望むが、「僕」は積極的に千代子を求めようとしない。以下の文章は、田口家の別荘を「僕」と母が訪れた場面である。

高木の去った後、母と叔母は少時《しばらく》彼の噂をした。初対面の人だけに母の印象は殊に深かったように見えた。気の置けない、いたって行き届いた人らしいといって賞《ほ》めていた。叔母はまた母の批評をいちいち実例に照らして確かめるふうに見えた。この時僕は高木について知り得た極めて乏しい知識のほとんど全部を訂正しなければならない事を発見した。僕が百代子《ももよこ》から聞いたのでは、亜米利加《アメリカ》帰りという話であった彼は、叔母の語るところによると、そうではなくって全く英吉利《イギリス》で教育された男であった。叔母は英国流の紳士という言葉を誰かから聞いたと見えて、二、三度それを使って、何の心得もない母を驚かしたのみか、だからどことなく品の善《い》い所があるんですよと母に説明して聞かせたりした。母はただへえと感心するのみであった。

二人がこんな話をしている内、僕はほとんど一口も口を利かなかった。ただ上辺から見て平生の調子と何の変わる所もない母が、この際高木と僕を比較して、腹の中でどう思っているだろうと考えると、僕は母に対して気の毒でもありまた恨めしくもあった。同じ母が、千代子対僕という古い関係を一方に置いて、さらに千代子対高木という新しい関係を一方に想像するなら、果たしてどんな心持ちになるだろうと思うと、仮令《たとい》少しの不安でも、避け得られるところをわざと与えるために彼女を連れ出したも同じ事になるので、僕はただでさえ不愉快な上に、年寄りに済まないという苦痛をもう一つ重ねた。

前後の模様から推すだけで、実際には事実となって現れて来なかったから何ともいいかねるが、叔母はこの場合を利用して、もし縁があったら千代子を高木に遣《や》るつもりでいるくらいの打ち明け話を、僕ら母子《おやこ》に向って、相談とも宣告とも片付かない形式の下に、する気だったかもしれない。凡てに気が付くくせに、こうなるとかえって僕よりも迂遠《うと》い母はどうだか、僕はその場で叔母の口から、僕と千代子と永久に手を別《わか》つべき談判の第一節を予期していたのである。幸か不幸か、叔母がまだ何もいい出さないうちに、姉妹は浜から広い麦藁帽の縁《ふち》をひらひらさして帰って来た。僕が僕の占いの的中しなかったのを、母のために喜んだのは事実である。同時に同じ出来事が僕を焦躁《もどか》しがらせたのも嘘《うそ》ではない。

問　傍線部「僕が僕の占いの的中しなかったのを、母のために喜んだのは事実である。同時に同じ出来事が僕を焦躁しがらせたのも嘘ではない」とあるが、この部分での「僕」の心情はどのようなものと考えられるか。その説明として最も適当なものを、次の①～⑤のうちから一つ選べ。

① 高木を千代子の結婚相手にしたいと叔母が言わなかったことは、「僕」との縁談を期待する母の気持ちを考えるとよかったが、その一方で、「僕」と千代子との縁談の可能性が消えないまま、どっちつかずの状況に留《とど》まることになりいらだちを感じている。

② 高木と千代子の結婚を予期しない母の驚きや動揺に配慮した叔母が、二人の結婚話を持ち出さなかったのはよかったが、その一方で、千代子の結婚相手として自分にも見込みがあるという思いとともに、事態はまだ流動的であるという不安を感じている。

③ 内心では高木が千代子の結婚相手になるのもやむを得ないと考えている母に、叔母が二人を結婚させたいと打ち明けることは避けられたので安心したが、その一方で、高木と比べると千代子の結婚相手として

劣る自分にじれったさを感じている。

④ 母が高木に好印象を持ったことを察した叔母が、そのことに乗じて千代子と高木の縁談を持ち出すのではないかという不安がぬぐわれてほっとしたが、その一方で、母の抱いた印象が「僕」と高木とを比較した結果でもあることに不満を感じている。

⑤ 高木と千代子に縁談が持ち上がっていることを叔母が明かさなかったため、千代子と「僕」の結婚を望む母の期待が続くことを喜んだが、その一方で、千代子と結婚する意志のないまま母を欺き通さなければならないことに歯がゆさを感じている。

ステップ1 傍線部を含む一文を分析する。［文構造→ポイント］

原因　心情A

〈僕が僕の占いの的中しなかったのを、母のために喜んだのは〉事実である。

原因　心情B

同時に〈同じ出来事が僕を焦躁《もどか》しがらせたのも〉嘘《うそ》ではない。

文の構造を分析すると、主部は「僕が僕の占いの的中しなかったのを、母のために喜んだのは」となっており、述部は「事実である」となっています。そしてもう一文あり、主部は「同じ出来事が僕を焦躁《もどか》しがらせたのも」となっており、述部は「嘘《うそ》ではない」となっています。ポイントは「原因」と「心情」があるのですが、「心情」が同時に二つあります。これは「**心情の交錯**」というフレームで、このような形になっている場合は「心情A」の原因と「心情B」の原因を分けてとらえる必要があります。

プラチナルール15
「心情の交錯」の場合は、心情A・心情Bそれぞれの原因をとらえる

ステップ2 解答の根拠をとらえる。［周囲の文を見る］

リード文＋14～20行目

次の文章は、夏目漱石の小説『彼岸過迄《ひがんすぎまで》』の一節である。「僕」と従妹《いとこ》の田口千代子は、幼いうちに「僕」の母が将来の結婚を申し入れた間柄である。父の死後、母は「僕」と千代子との結婚を強く望むが、「僕」は積極的に千代子を求めようとしない。以下の文章は、田口家の別荘を「僕」と母が訪れた場面である。

前後の模様から推すだけで、実際には事実となって現れて来なかったから何ともいいかねるが、叔母はこの場合を利用して、もし縁があったら千代子を高木に遣《や》るつもりでいるくらいの打ち明け話を、僕ら母子《おやこ》に向って、相談とも宣告とも片付かない形式の下に、する気だったかもしれない。凡てに気が付くくせに、こうなるとかえって僕よりも迂遠《うと》い母はどうだか、僕はその場で叔母の口から、僕と千代子と永久に手を別《わか》つべき談判の第一節を予期していたのである。幸か不幸か、叔母がまだ何もいい出さないうちに、姉妹は浜から広い麦藁帽の縁《ふち》をひらひらさして帰って来た。僕が僕の占いの的中しなかったのを、母のために喜んだのは事実である。同時に同じ出来事が僕を焦躁《もどか》しがらせたのも嘘《うそ》ではない。

「僕の占い」というのは「千代子を高木に遣《や》るつもりでいるくらいの打ち明け話」を叔母がするのではないかという予想です。それが「的中しなかった」のですから、実際はその話はしていません。それが原因で「喜んだ（心情A）」「焦躁《もどか》しがらせた（心情B）」という相反する心情が出てきたのですから、そこにはそれぞれ異なる事情があるはずです。その事情は「リード文」に書かれています。

母は「僕」と千代子との結婚を強く望んでいるのですから、叔母が千代子を高木に遣《や》ると言わなかったのは母にとっては喜ばしいことです。しかし、「僕」は積極的に千代子を求めようとしていないのですから、千代子と結婚するのかしないのかがわからず、焦燥《もどか》しい気持ちになります。まとめると次のようになります。

原因① 千代子を高木に遣《や》るつもりでいるくらいの打ち明け話を叔母がしなかった
＋
原因② 母は「僕」と千代子との結婚を強く望む
←
心情A 母のために喜んだ（プラスの心情）

原因① 千代子を高木に遣《や》るつもりでいるくらいの打ち明け話を叔母がしなかった
＋
原因③ 「僕」は積極的に千代子を求めようとしない
←
心情B 焦躁《もどか》しい（マイナスの心情）

ステップ3 記述解答から選択肢へ。

ステップ2で、次の解答が得られました。

「千代子を高木に遣《や》るつもりでいるくらいの打ち明け話を叔母がしなかったのは、『僕』と千代子との結婚を強く望む母を思うと喜ばしいが、それと同時に、千代子と結婚するのかしないのかがわからず、焦躁《もどか》しい気持ちになっている」

この解答に近い選択肢は①「高木を千代子の結婚相手にしたいと叔母が言わなかったことは、『僕』との縁談を期待する母の気持ちを考えるとよかったが、その一方で、『僕』と千代子との縁談の可能性が消えないまま、どっちつかずの状況に留《とど》まることになりいらだちを感じている。」です。今回とらえた「心情の交錯」が説明できている選択肢はこれです。

他の選択肢を検討しましょう。②は「その一方で」以下にさらに「心情の交錯」がありますので、心情が三つあり、心情の数が違うため誤りです。また、「千代子の結婚相手として自分にも見込みがあるという思い」は心情Bと異なるため、誤りです。③は「内心では高木が千代子の結婚相手になるのもやむを得ないと考えている母」が母の説明と異なるため誤りです。④と⑤は「その一方で」以下に「母」の説明がある点が誤りです。「母」は「心情A」の原因です。

テーマ

4 記述式問題

今回は記述式問題について、考え方を学んでいきましょう。受験生の中には「マークはできるのに記述はできない」と思っている人が多いのではないでしょうか。ですから、世の中には「記述式問題の解き方」を説明する本や授業が溢れています。すると、「やっぱり記述式と選択式は考え方が違うんだ」「マークよりも記述の方が難しいんだ」と思ってしまいますよね。

しかし、本書では記述式も選択式も同じ考え方で解いていきます。現代文という科目そのものの性質が理解できていれば「**書くように選び、選ぶように書く**」という解き方ができるようになります。

そして、記述式問題で圧倒的に多いのが「どういうことか」「なぜか」「気持ち」という今まで考えてきた問題なのです。本書ではテーマ1〜3で学んだプラチナルールを使いながら、記述を解いていきます。

マークも記述も同じ考え方で解ける、まさにこれこそがプラチナルールの神髄です。

プラチナルール 16

記述式問題は選択式問題と同じ手順で解く

次の文章を読んで、後の問いに答えよ。

科学と生命は、実はとても似ている。それはどちらも、その存在を現在の姿からさらに発展・展開させていく性質を内包しているという点においてである。その特徴的な性質を生み出す要点は二つあり、一つは過去の蓄積をきちんと記録する仕組みを持っていること、そしてもう一つはそこから変化したバリエーションを生み出す能力が内在していることである。この二つの特徴が漸進的な改変を繰り返すことを可能にし、それを長い時間続けることで、生命も科学も大きく発展してきた。

だから、と言って良いのかよく分からないが、科学の歴史を紐解《ひもと》けば、たくさんの間違いが発見され、そして消えていった。科学における最高の栄誉とされるノーベル賞を受賞した業績でも、後に間違いであることが判明した例もある。たとえば１９２６年にデンマークのヨハネス・フィビゲルは、世界で初めて「がん」を人工的に引き起こす事に成功したという業績で、ノーベル生理学・医学賞を受賞した。しかし、彼の死後、寄生虫を感染させることによって人工的に誘導したとされたラットの「がん」は、実際には良性の腫瘍であったことや、腫瘍の誘導そのものも寄生虫が原因ではなく、餌《えさ》のビタミンA欠乏が主因であったことなどが次々と明らかになった。

ノーベル賞を受賞した業績でも、[A]こんなことが起こるのだから、多くの「普通の発見」であれば、誤りであった事例など、実は枚挙にいとまがない。誤り、つまり現実に合わない、現実を説明していない仮説が提出されることは、科学において日常茶飯事であり、２０１３年の(注1)『ネイチャー』誌には、医学生物学論文の70％以上で結果を再現できなかったという衝撃的なレポートも出ている。

しかし、そういった玉石混交の科学的知見と称されるものの中でも、現実をよく説明する「適応度の高い仮説」は長い時間の中で批判に耐え、その有用性や再現性故に、後世に残っていくことになる。そして、その仮説の適応度をさらに上げる修正仮説が提出されるサイクルが繰り返される。それはまるで生態系における生物の「適者生存」のようである。ある意味、科学は「生きて」おり、生物のように変化を生み出し、より適応していたものが生き残り、どんどん成長・進化していく。それが最大の長所である。現在の姿が、いかに素晴らしくとも、そこからまったく変化しないものに発展はない。B教条主義に陥らない〝可塑性〟こそが科学の生命線である。

（中屋敷均『科学と非科学　その正体を探る』より）

注1　『ネイチャー』――イギリスで刊行されている、自然科学系の総合学術雑誌。国際的に特に権威のある研究誌とされている。

問一　傍線部A「こんなこと」が指し示す内容を四〇字以内で説明せよ。

問二　傍線部B「教条主義に陥らない〝可塑性〟こそが科学の生命線である」とあるが、どのようなことか。五〇字以内で説明せよ。

問一

ステップ1　傍線部を含む一文を分析する。〔文構造↓ポイント〕

ノーベル賞を受賞した業績でも、〈Aこんなことが〉起こるのだから、／
多くの「普通の発見」であれば、〈誤りであった事例など〉、実は枚挙にいとまがない。

♛2に従って文の構造を分析すると、二つの文があるとわかります。一つ目の主部は「こんなことが」、述部は「起こる」です。そして二つ目の主部は「誤りであった事例など」、述部は「実は枚挙にいとまがない」です。聞かれているポイントは指示語「こんなこと」です。これは♛6より「まとめ」の働きをしているとわかりますから、具体例を一般化して解答しましょう。

また、傍線部を含む一文には「**Aでも～、(まして)Bは(もっと)～**」という「抑揚」のフレームが使われています。この場合は「A」と「B」は対比的な内容が入ります。そして、「～」部分は同じものが入ります。例えば、「現役でも勉強しているのだから、浪人はもっと勉強しなさい」と言った場合、「現役」と「浪人」は対立的ですが、「～」は同じ「勉強する」になっています。このようなフレームに気がつくと「こんなこと」は「実は誤りであったこと」だとわかり、根拠を求める際のヒントとなります。

プラチナルール 17

「抑揚」のフレームで対立と同値をとらえる

ステップ2　解答の根拠をとらえる。［周囲の文を見る］

第二、三段落

だから、と言って良いのかよく分からないが、科学の歴史を紐解《ひもと》けば、たくさんの間違いが発見され、そして消えていった。科学における最高の栄誉とされるノーベル賞を受賞した業績でも、後に間違いであることが判明した例もある。（具体例 たとえば 1926年にデンマークのヨハネス・フィビゲルは、世界で初めて「がん」を人工的に引き起こす事に成功したという業績で、ノーベル生理学・医学賞を受賞した。しかし、彼の死後、寄生虫を感染させることによって人工的に誘導したとされたラットの「がん」は、実際には良性の腫瘍であったことや、腫瘍の誘導そのものも寄生虫が原因ではなく、餌《えさ》のビタミンA欠乏が主因であったことなどが次々と明らかになった。）

ノーベル賞を受賞した業績でも、〈A こんなことが〉起こるのだから、多くの「普通の発見」であれば、誤りであった事例など、実は枚挙にいとまがない。誤り、つまり現実に合わない、現実を説明していない仮説が提出されることは、科学において日常茶飯事であり、2013年の（注1）『ネイチャー』誌には、医学生物学論文の70％以上で結果を再現できなかったという衝撃的なレポートも出ている。

傍線部は「まとめ」の指示語なので直前の具体例をそのまま書いてはいけません。具体例は丸カッコでくくって、一般化されている部分を探しましょう。すると「科学における最高の栄誉とされるノーベル賞を受賞した業績でも、後に間違いであることが判明した例もある」という傍線部と同じような文がありますから、ここが解答の根拠であるとわかります。科学における「間違い」というのは、第三段落二文目に「現実に合わない、現実を説明していない仮説」とありますので、こちらを説明に使いましょう。

プラチナルール18

「どういうことか」の問題では、比喩表現や具体例を一般化する

ステップ3　解答

発見された仮説が、現実に合わない、現実をうまく説明していないと後に判明すること。（40字）

ポイントは二つです。

①科学によって「発見された仮説」
②後に検証により「現実に合わない、現実をうまく説明していないと判明」する

この二つが入っていれば満点、片方ならば半分の点数となります。

ステップ4　誤答研究

この問題の誤答例としては、「具体例」を書いてしまう、「間違い」が詳しく説明されていないといったものがあります。例えば、

①　×人工的に誘導したとされたがんは、実は×良性の腫瘍であったことが明らかになったこと。

②　×最高の栄誉、ノーベル賞を受賞した業績でも、後に△間違いであることが判明したこと。

①は具体例となっています。「こんな」＝「このような」は「まとめ」の指示語ですから、一般化して解答しましょう。

②は「ノーベル賞」について言及している点が誤りです。傍線部の前に「ノーベル賞」についての言及がありますから、指示内容には含まれていないと見るのが妥当です。「指示語」の問題は、指示内容＝解答を指示語に代入しておかしくないかどうかをチェックしましょう。また、「間違い」というのが詳しく説明されていないため減点されます。今回の「誤り」「間違い」は科学におけるものですから、しっかり定義しましょう。

問二

ステップ1 傍線部を含む一文を分析する。［文構造↓ポイント］

〈教条主義に陥らない〝可塑性〟こそが〉科学の生命線である

主部　述部

比喩表現　比喩表現　比喩表現

2より文の構造を分析すると、主部は「教条主義に陥らない〝可塑性〟こそが」、述部は「科学の生命線である」です。そして、問われているポイントは比喩表現「教条主義」、比喩表現「可塑性」、比喩表現「科学の生命線」です。また、3より「ない」という「否定」のフレームには注意してください。

ステップ2 解答の根拠をとらえる。［周囲の文を見る］

第四段落

しかし、そういった玉石混交の科学的知見と称されるものの中でも、〈現実をよく説明する「適応度の高い仮説」は〉長い時間の中で批判に耐え、その有用性や再現性故に、後世に残っていくことになる。そして、〈その仮説の適応度をさらに上げる修正仮説が提出されるサイクルが〉繰り返される。（比喩〈それは〉まるで生態系における生物の「適者生存」のようである。ある意味、〈科学は〉「生きて」おり、生物のように変化を生み出し、〈より適応していたものが〉生き残り、どんどん成長・進化していく。）〈それが〉最大の長所である。現在の姿が、いかに素晴らしくとも、そこからまったく変化しないものに発展はない。[B]教条主義に陥らない〝可塑

性〟こそが科学の生命線である。

3より「否定」のフレームに注目しながら解答の根拠を求めましょう。まず「教条主義」ですが、「現在の姿が、いかに素晴らしくとも、そこからまったく変化しないもの」に発展はないと否定されていますから、ここが教条主義の説明になっています。本来の「教条主義」は「状況や現実を無視して、ある特定の原理・原則に固執する応用のきかない考え方や態度」というものですが、今回は「変化しない」という点が似ていたため喩えられたのです。

次に「可塑性」ですが、「現実をよく説明する『適応度の高い仮説』は長い時間の中で批判に耐え、その有用性や再現性故に、後世に残っていくことになる。そして、その仮説の適応度をさらに上げる修正仮説が提出されるサイクルが繰り返される」という部分のことを言った比喩表現です。「可塑性」とは「固体に外力を加えて変形させ、力を取り去ってももとに戻らない性質」という意味ですが、「変化する」という点が似ているため喩えられています。

最後に「生命線」ですが、「後世に残っていくことになる」という部分のことを言った比喩表現です。「生命線」とは「手相で、寿命に関するとされている筋」のことですが、「長生きすることを表す」という点で似ているため喩えられています。

以上のポイントを総合すると、解答が書けます。

ステップ3　解答

現状維持することなく批判に耐え有用性や再現性を高めることが、仮説が後世に残るために重要だということ。（50字）

ポイントは三つです。

①「教条主義に陥ることなく」＝「現状維持することなく」
②「可塑性」＝「批判に耐え有用性や再現性を高めること」
③「科学の生命線」＝「仮説が後世に残るために重要だ」

この三つが入っていれば満点で、ポイントを落とすと減点されていきます。

ステップ4 誤答研究

この問題の誤答例としては、「比喩表現」を書いてしまうといったものが考えられます。

① ×変化を生み出し適応していたものが成長・進化していくことが、仮説が後世に残るために重要だということ。
② △長い時間の中で批判に耐え有用性や再現性を高めることが、仮説が後世に残るために重要だということ。

①は「まるで〜」という比喩表現で書かれている部分を解答の根拠としていますが、👑18より「比喩表現」はより一般的な表現（比喩でない表現）にしなければいけないので、減点対象となります。「どういうことか」の問題はただの言い換えではなく、「文脈がないとわからない表現」を「文脈がなくてもわかる表現」に言い換えなければいけません。ここをおさえておかないと、言い換えたつもりなのに点数の低い答案になってしまいますから注意しましょう。

プラチナルール 19
「どういうことか」の問題は、「文脈がなくてもわかる表現」に言い換える

②は「現状維持」といった語彙力《ごい》によって字数を減らすことができない場合に、満点ではないが合格点を取るという解答です。「AではなくB」という「否定」のフレームにおいて、「Aではなく」の部分はなくても伝わります。ですから、**字数制約が厳しいと感じた場合は、「Aではなく」の部分をカットする**という方法も覚えておいてください。

では、もう一問やってみましょう。

実践問題12

岡山大学　2019年

目標解答時間　**5分**

次の文章を読んで、後の問いに答えよ。

季節の訪れを正確に知ることは出来ないか——。

「新しい生き方」を始めた人類は、切実にそう考えたに違いありません。「新しい生き方」とは、それまでの狩猟採集とは一線を画す「農耕牧畜という生き方」のことです。

約一万年前にホモ・サピエンスが始めたこの生き方が、現代にまで続く「文明」の始まりです。最初の文明人である彼らにとって、種まきの時期や、定期的にやってくる雨期と洪水、あるいは乾期の日照りは、つねに悩みの種でした。季節の訪れを知る正確な手がかりを、「文明」によって生きようとする彼らは必要としました。

経験上彼らは、季節が周期的に訪れることは知っていました。季節は移り、同じようにそれを繰り返す。問題は「いま」が「いつ」で、その変化は「いま」からどのくらいあとにやってくるか、それを、そしてまた、その方法を見つけることでした。

彼らはその方法を「天」に見つけました。気まぐれな自然の変化の中で、天だけは規則正しい変化を繰り返していたからです。天とは、すなわち星の世界です。日は昇り、日は沈む。月は満ち、そして欠けていく。そうした天のリズムを、彼らは自然の変化をはかる「物差し」としたのです。前者のリズムが「一日」となり、後者のリズムが「一月」となりました。一月が一二回繰り返されると季節がひと巡りすることから、そこを一つの区切りとして「一年」とすることも決めました。原始的な「暦」の誕生です。

（松井孝典『文明は〈見えない世界〉がつくる』より）

問　傍線部について、人類が「そう考えた」のはなぜか、説明しなさい。

ステップ1　傍線部を含む一文を分析する。［文構造→ポイント］

〈「新しい生き方」を始めた人類は〉、切実にそう考えたに違いありません。

（主部：〈「新しい生き方」を始めた人類は〉　A → ×　述部：切実にそう考えたに違いありません）

7より文の構造を分析すると、主部は「『新しい生き方』を始めた人類は」となっており、述部は「切実にそう考えたに違いありません」となっています。

そして、「なぜか」の問題では「A↓x」という飛躍を分析するのですが、設問が教えてくれている場合もあります。今回の設問を見ると、「人類が『そう考えた』のはなぜか」となっています。このようにカギカッコで傍線部の一部を引用し、カギカッコなのはなぜかと問うてきた場合は、このカギカッコが結論部分（x）であるから、この部分に帰結するように論証を組み立てよというメッセージなのです。

ということで、「『新しい生き方』を始めた人類は（A）」の説明を求めましょう。

ステップ2 解答の根拠をとらえる。［周囲の文を見る］

第一〜三段落

季節の訪れを正確に知ることは出来ないか――。〈「新しい生き方」を始めた人類は〉、切実にそう考えたに違いありません。〈「新しい生き方」とは〉、それまでの狩猟採集とは一線を画す「農耕牧畜という生き方」のことです。〈約一万年前にホモ・サピエンスが始めたこの生き方が〉、現代にまで続く「文明」の始まりです。最初の文明人である彼らにとって、〈種まきの時期や、定期的にやってくる雨期と洪水、あるいは乾期の日照りは〉、つねに悩みの種でした。季節の訪れを知る正確な手がかりを、〈「文明」によって生きようとする彼らは〉必要としました。

本文を読んでいくと、まず「新しい生き方」とは「農耕牧畜という生き方」＝「文明」であるとわかります。「最初の文明人である彼らにとって、種まきの時期や、定期的にやってくる雨期と洪水、あるいは乾期の日照りは、つねに悩みの種でした」とあります。「種まきの時期や、定期的にやってくる雨期と洪水、あるいは乾期の日照りがいつ来るのかわからないから、悩む」のですから、悩まないようにするためには「季節の訪れを正確に知る」必要があります。

これらのポイントを記述解答にまとめていきましょう。

ステップ3 解答

最初の文明人たちが農耕牧畜という生き方をする上で、種まきの時期や、定期的にやってくる雨期と洪水、あるいは乾期の日照りがいつ来るかという悩みを解消するために、季節の訪れを正確に知る必要があったから。

解答のポイントは三つです。

①農耕牧畜という生き方をする最初の文明人たち
②種まきの時期や、定期的にやってくる雨期と洪水、あるいは乾期の日照りがいつ来るかわからないという悩みがあった
③悩みを解消するために、季節の訪れを正確に知る必要があった

特に③のように「必要だ」「重要だ」という場合は「何のために」という部分は意識して解答を書くようにしてください。「AのためにBが必要だ」という「条件法」のフレームに注意して書きましょう。

プラチナルール20

「必要だ」「重要だ」と書く場合は、「何のために必要なのか」も説明する

「条件法」のフレーム

AならばB	AのためにBする必要がある	
Aは常にB	すべてのAはBである	BのときのみA
BでないならばAでない	BしてはじめてA	

ステップ4　誤答研究

よくある誤答としては、「AのためにBが必要だ」の「Aのために」が説明されていないものや、「Aのために」が誤っているものが挙げられます。

① 農耕牧畜という生き方をした最初の文明人たちは、種まきの時期や、定期的にやってくる雨期と洪水、あるいは乾期の日照りがいつ来るかわからないというのが悩みの種で、△季節の訪れを正確に知る必要があったから。

② 最初の文明人たちは、種まきの時期や、定期的にやってくる雨期と洪水、あるいは乾期の日照りがいつ来るかわからないというのが悩みの種で、×農耕牧畜という生き方をするために季節の訪れを正確に知る必要があったから。

①は一見すると、正解の解答とほとんど同じことを言っているように思えますが、「何のために」季節の訪れを正確に知る必要があったのかが明示されていません。記述解答においては、必ず論理関係を明示するようにしましょう。

また、②は「農耕牧畜という生き方をするために季節の訪れを正確に知る必要があった」と説明していますが、正確に知らなかったときから悩みながらも農耕牧畜という生き方をしていたのですから、これも誤りです。「悩みを解消するために、季節の訪れを正確に知る必要があった」のです。

では、最後にもう一問。小説の記述問題に挑戦しましょう。考え方は同じです。

実践問題13

東北大学　2016年

目標解答時間　5分

次の文章を読んで、後の問いに答えよ。

「私もね、実習に行ったのよ、保育園に」

ちょっと唐突にも聞こえたけれど、黙ってうなずいた。

「もうそんな時期なんだ。で、どうだったの」

「うーん、それがねぇ」

ひかりは力なく微笑《ほほえ》んだ。

「私も早希とまったくおんなじこと考えてたよ」

その笑顔を思わず見つめてしまう。何をいってるんだろう。まったくおんなじこと？　ひかりが？

「朝、保育園の玄関で赤ちゃんや子供たちを預かるでしょう。そのときに、どうしても意識しちゃうのよ。

その子たちのおかあさんのことを。おかあさんがどんな仕事をしているかを」

よくわからなかった。しっかりしていていつも明るかったひかりが、こんな疲れたような顔で何をいおうとしているのか。

「私は赤ちゃんも子供たちも大好き。保育士になったら私がしっかり見てるから、おかあさんたちもがんばってきてください、って笑顔で送り出すつもりだったの」

「うん」

「それなのにね。相手も、こっちをあんまり信用してないんじゃないかって。子供を持ったこともない若い保育士に何がわかるって思われてる気がして」

「それは」

言葉を無理に挟み込んだ。相手も、といったのだ。きっとこの後に、私も、と続く。どこかで止めてあげないと、ひかりがひかりらしくない方向へ屈折してしまいそうだった。

「それは考えすぎだって。保育士だって最初はみんな新人なんだから、おかあさんたちだってそれくらいわかってるよ。ひかりは優秀だからだいじょうぶ」

「ううん」

ひかりはうつむき加減の顔を横に振った。

「自分でいうのもなんだけど——あ、やだ、私も前置きしてる——小さい頃から優秀だっていわれてきて、でもそこが私のいちばんの弱点だったんだよね」

淡々と口にするのを聞いて、私は観念した。ひかりも話したがっている。どんなにひかりらしくなくても、それを聞くのが私の役目だろう。

「自分の子供を産んでないどころか、結婚もしてなくて、赤ちゃん預かりますっていったって信用されなくて当たり前なんだよね。だから、私が信用されないのはしかたないと思うの。でもね、問題なのは私もおかあさんを信用してないところ。きちんと働いてるおかあさんの赤ちゃんを預かるのはいいけど、私よりも働きのよくないような人がだらだら働くために子供を預かるなんて本末転倒じゃないか、って心のどこかで思っちゃうんだ。もちろん頭ではそれがおかしいってことはよくわかってるの。だって預かるのが私の仕事なんだから。実際はもちろんどの赤ちゃんもどの子供も平等だよ。どの子もかわいい。それはほんとう。だけど、なんだかもやもやする気持ちは、どうしても残るんだ」

それが、優秀だといわれ続けてきたことの弊害なのか。私はひかりのように優秀ではないけれど、もしかすると似ているのかもしれない。どうして自分が、と思っている。仕事であろうと、がんばらない人をサポートすることに違和感を持っている。子どもを地域社会の構成員全員の手によって育て上げるという人間形成システムは、実に重要な示唆を含んでいる。現代では子どもの教育といえば、学校と家庭だけにその責任があるかのように考えられがちである。それは、高度経済成長と急速な都市化が進行する一方で、地域共同体が崩壊の一途をたどり、かつては機能していた地域の人間形成空間がすっかり解体してしまった結果を如実に物語っている。

（宮下奈都『終わらない歌』より）

問　傍線の箇所「なんだかもやもやする気持ちは、どうしても残るんだ」とあるが、「もやもやする気持ち」が「残る」のはなぜか。「ひかり」の発言に即して四十字以内で説明せよ。

ステップ1 傍線部を含む一文を分析する。［文構造↓ポイント］

だけど、〈なんだかもやもや《心情》する気持ちは《主部》〉、どうしても残るんだ《述部》

11より文の構造を分析すると、主部は「なんだかもやもやする気持ちは」となっており、述部は「どうしても残るんだ」となっています。

そして「なんだかもやもやする気持ち」は心情表現ですから、心情把握問題と考えて、心情が発生する「原因」をとらえにいきましょう。

ステップ2　24〜34行目

解答の根拠をとらえる。［周囲の文を見る］

「自分でいうのもなんだけど——あ、やだ、私も前置きしてる——小さい頃から優秀だっていわれてきて、でもそこが私のいちばんの弱点だったんだよね」

淡々と口にするのを聞いて、私は観念した。ひかりも話したがっている。どんなにひかりらしくなくても、それを聞くのが私の役目だろう。

「自分の子供を産んでないどころか、結婚もしてなくて、赤ちゃん預かりますっていったって信用されなくて当たり前なんだよね。だから、私が信用されないのはしかたないと思うの。でもね、問題なのは私もおかあさんを信用してないところ。きちんと働いてるおかあさんの赤ちゃんを預かるのはいいけど、私よりも働きのよくないような人がだらだら働くために子供を預かるなんて本末転倒じゃないか、って心のどこかで思っちゃうんだ。もちろん頭ではそれがおかしいってことはよくわかってるの。だって預かるのが私の仕事なんだから。実際はもちろんどの赤ちゃんもどの子供も平等だよ。どの子もかわいい。それはほんとう。だけど、なんだかもやもやする気持ちは、どうしても残るんだ」

まず直前を見ると「だけど」という逆接の接続表現があるので、傍線部は前の文と反対だとわかります。前の文は「どの赤ちゃんもどの子供も平等だよ。どの子もかわいい。それはほんとう」とあるので、傍線部はその反対「子どもを預かるのに差別したくなる」だとわかります。

次に、なぜ「子供を差別したくなるのか」の原因をとらえにいきましょう。ひかりは「小さい頃から優秀だっていわれてきて」いることがわかります。その結果、「きちんと働いてるおかあさんの赤ちゃんを預かるのはいいけど、私よりも働きのよくないような人がだらだら働くために子供を預かるなんて本末転倒じゃないか」と言っています。これが子供を差別したくなる原因です。

ステップ3 解答

小さい頃から優秀だといわれていたひかりは、自分よりも働きがいいか悪いかで母親を区別し、自分よりも働きが悪い母親の子供を預かることに抵抗を覚えてしまうから。（77字）

このように書きたいのですが、残念ながら字数オーバーです。このような場合はより直接的な原因を優先的に解答するようにしましょう。

優秀なひかりは、自分よりも働きの悪い母親の子供を預かることに抵抗を覚えるから。（39字）

ポイントは二つです。

①ひかりは優秀
②自分よりも働きの悪い母親の子供を預かる

この二つは「もやもやする気持ち」になるために必要です。もし①でないならば（ひかりが優秀でないならば）、「自分よりも働きが悪い母親」などということは考えないでしょう。また、もし②でないならば（自分よりも働きの悪い母親の子供を預かっていないならば）、「きちんと働くお母さんはいい」と言っていますから、やはりもやもやすることはありません。「結合原因の心情」の場合、「この原因は必要かな」と思ったら、「もし～でないならば」と考えてみましょう。

プラチナルール21

「原因」かどうかを確かめるためには、「もし～でないならば」と考えてみる

テーマ5

空所補充問題

今回は空所補充問題について学びましょう。空所補充問題は「語感が大事」「コロケーションが大事」、よって「今までの読書量がモノを言う」などと考えられてきました。しかし、空所補充問題にも一定の考え方があるのです。大学入試問題で出題者が問いたいのは「ルールに従って読むことができるのか」という一点です。大学での研究はすべて一定のルールのもとに行われています。ルールを遵守した上で発見した仮説でなければ、成果として認められません。ですから、大学入試現代文でも「ルール」通りに読んでいるかが問われます。

空所補充問題で重要なルールは「文法」と「論理」です。これらのルールを無視して読んでいないかを試すために、出題者は工夫して文章を選び、語句を抜き取ります。ですから、今回は空所補充問題を通して「文法」「論理」のルールを学びましょう。

プラチナルール 22

空所補充問題は空所のある文と「似た構造の文」を探す

まず空所のある一文に線を引きます。分析の範囲をまず見える化することによって、正しく一文の分析を行うことができるようになります。

次に一文の構造を分析します。このときには文の成分からなる文構造と論理フレームに注意してください。

最後に解答の根拠を探しにいきますが、**似た構造の文**を探しましょう。意味と形式の両方からヒントを得ることが、空所補充問題を解くときのポイントです。

それでは問題にあたってみましょう。

実践問題14

福岡大学　2016年

目標解答時間　**10分**

次の文章を読んで、後の問いに答えよ。

外見の類似性は、私たちの認識にとって非常に強いインパクトを与える。しかし、言語を使うためには、見た目の「似ている」を超えて、関係に注目し、関係の同一性に注目することが必要だ。

モノは、様々な行為を表現する様々な動詞といっしょに使われる。例えば、「ボール」は「投げる」という動詞だけではなく、「蹴る」「置く」「入れる」「たたく」「しまう」「転がす」など、実に様々な動詞といっしょに使われる。動詞を学習するためには、人がボールを投げているシーンと、人がボールを転がしているシーンを見たとき、この二つを「（　1　）行為」として区別し、人がボールを投げているシーンと、消しゴムを投げているシーンを、「（　2　）行為」としてみなすことを知らなければならない。「上、真ん中、下」の関係も同様で、どのモノがあるかで「上」という位置が決まるわけではなく、同じモノが上にある場合と下にある場合では「（　3　）位置」、ボールと消しゴムがともに上にあれば、それは「（　4　）位置」と認識されなければならない。

モノが違っても関係が同じことを「同じ」とみなすことは、比喩《ひゆ》や類推でも見られる。例えば［ A ］

というような比喩を発話したり、理解したりすることは、実際には非常にかけ離れた存在である「植物」と「脳」が「成長させるために栄養が必要」という、非常に抽象的な関係性において「同じである」とみなすことで可能になっているのだ。

このように、本来なら「見た目も性質もまったく違った」モノ同士を、なんらかの関係に基づいて「同じもの」とみなすことができるのは、人間の知性のもっとも重要な特徴のひとつであるといってよいだろう。関係の同一性にもとづいて「同じ」であることを認識するのはヒト以外の動物にとってはもちろん、人間の乳児でもやさしいことではない。しかし、人間の子どもは、 B に導かれ、見た目には大きく異なるモノ同士の関係が、同じ関係を表す B で表されていることを経験することで、感覚的には直接経験できない、モノ同士の抽象的な関係における「同一性」を学んでいくようになるのである。

興味深いエピソードを紹介したい。「錠：鍵《かぎ》＝ペンキ缶：△」で△にくるものが何かを答える問題を考えてみよう。△は刷毛《はけ》だろうか、缶切りだろうか？　今度は別の問題だ。「文字が書かれた紙：鉛筆＝ペンキ缶：△」の場合には、△は刷毛だろうか、缶切りだろうか？　最初の問題の答えは缶切り、次の問題の答えは刷毛である。最初の問題では、「鍵は錠を開けるもの」だから、「ペンキ缶を開けるもの」が△にくるはずだ。二番目の問題では、「紙に書かれた文字を書くのに使う道具」が鉛筆だから、「ペンキを塗るのに使う道具」が△にあたるはずだ。これは大人なら簡単にわかるアナロジー（類推）の問題で、答えを見つけるには、まずAとBの関係を考え、Cとの関係がそれと「同じ」であるモノを探さなければならない。

これはチンパンジーには解くことがまったく無理な問題である。しかし、プレマックというアメリカの研究者は、チンパンジーに「同じ」と「違う」を表す記号文字を教えた。訓練には長い時間がかかったが、このチンパンジーは「同じ」「違う」という文字の意味するところを学習した。このチンパンジーに先ほどの帰納的アナロジーの問題を行ったところ、偶然よりも高い確率でこれらの問題が解けたということだ。「同じ」

と「違う」ということばを持つこと自体が、モノ自体の同一性ではなく、「関係が同じ」ことに注目し、類推をし、関係のカテゴリーをつくっていくことを助けるのであり、これは人間だけでなく、チンパンジーにもいえることのようである。ただし、実験室で先ほどのようなアナロジーの問題を解くことができるチンパンジーの場合も、教えられた「同じ」「違う」ということばを用いて、実験室の外の普通の生活場面で関係概念を自分から学習することは、まったく見られなかったそうである。

人間の子どもにとっても、最初は、[C]性の影響が非常に強く、そのため、[D]性を理解し、それに基づいて類推したり、カテゴリーをつくったりすることはとても難しい。先ほどのアナロジーの問題も、通常は、四、五歳の子どもには解くことができない。しかし、人間の子どもは、チンパンジーとは異なり、ことばを学ぶと、それを自発的に他の場面で使い、自分で関係の概念を理解し、学んでいくようになる。あることを学ぶと、それを足がかりに、さらに抽象的な関係における共通性を見出《みいだ》し、概念を発展させていくことができるのだ。

（今井むつみ『ことばと思考』より）

問一　（ 1 ）～（ 4 ）に入る最も適当な言葉を本文中から抜き出してそれぞれ二字で記せ。

問二　空白部Aに入る言葉として最も適当なものを次の選択肢から選び、その番号を記せ。

① 書物は頭にとってもっともよく効く肥料だ
② 地方の文化を花咲かせるための頭脳が必要だ
③ 植物を育てるように子どもを育てるべきだ
④ 花の命は短い、恋せよ乙女

⑤ 市井に埋もれていた才能が花開いた
問三　空白部Bに入る最も適当な言葉を本文中から抜き出して記せ。
問四　空白部C、Dに入る最も適当な言葉を本文中から五字で抜き出して記せ。

問一

ステップ1 空所を含む一文を分析する。〔文構造、論理フレーム〕

動詞を学習するためには、
人がボールを投げているシーンと、人がボールを転がしているシーンを見たとき、
この二つを「（ 1 ）行為」として区別し、／ 述部①
人がボールを投げているシーンと、消しゴムを投げているシーンを、
「（ 2 ）行為」としてみなすことを知らなければならない。 述部②

文の構造を分析すると、「～**のためには、述部①して、述部②しなければならない**」というフレームになっているとわかります。一つ目の述部は「区別し」、二つ目の述部は「知らなければならない」です。

そして（1）は「投げている」という動詞と「転がしている」という動詞の二つを区別するという部分と同じことを言っています。ですから、意味的には「区別」に近い言葉で、かつ「行為」を修飾することができる言葉が何かを探しましょう。

また、（2）は「投げている」という動詞二つを「（2）行為」とみなしていますから、先ほどの「区別」とは反対の意味で、かつ「行為」を修飾できる言葉を探しましょう。

プラチナルール23

空所補充問題の解答の根拠を探すときは、「対立関係」にも注意する

第二段落

「上、真ん中、下」の関係も同様で、
どのモノがあるかで「上」という位置が決まるわけではなく、
同じモノが上にある場合と下にある場合では「（ 3 ）位置」、
ボールと消しゴムがともに上にあれば、
〈それは〉「（ 4 ）位置」と認識されなければならない。
述部

「（ 3 ）位置」「（ 4 ）位置」が並立になっており、述部は「認識されなければならない」となっています。そして「上にある場合」と「下にある場合」では「（ 3 ）位置」となっていますから、これも区別なので、（ 1 ）と同じ言葉が入るとわかります。そして、「ともに上にある」のは「（ 4 ）位置」とあることから、（ 4 ）は（ 3 ）と反対の言葉が入るとわかります。

それでは解答の根拠を求めにいきましょう。

ステップ2 解答の根拠をとらえる。〔周囲の文を見る〕

第二～三段落

〈モノは〉、様々な行為を表現する様々な動詞といっしょに使われる。例えば（具体例）、「ボール」は「投げる」という動詞だけではなく、「蹴る」「置く」「入れる」「たたく」「しまう」「転がす」など、実に様々な動詞といっしょに使われる。動詞を学習するためには、人がボールを投げているシーンと、人がボールを転がしているシーンを見たとき、この二つを「（ 1 ）行為」として区別し、人がボールを投げているシーンと、消しゴムを投げているシーンを、「（ 2 ）行為」としてみなすことを知らなければならない。「上、真ん中、下」の関係も同様で、どのモノがあるかで「上」という位置が決まるわけではなく、同じモノが上にある場合と下にある場合では「（ 3 ）位置」、ボールと消しゴムがともに上にあれば、それは「（ 4 ）位置」と認識されなければならない。〉

〈モノが違っても関係が同じことを「同じ」とみなすことは〉、比喩《ひゆ》や類推でも見られる。例えば（具体例）「 A 」というような比喩を発話したり、理解したりすることは、実際には非常にかけ離れた存在である「植物」と「脳」が「成長させるために栄養が必要」という、非常に抽象的な関係性において「同じである」とみなすことで可能になっているのだ。〉

第三段落を見ると、「モノが違っても関係が同じことを『同じ』とみなすこと」というように、第二段落の具体例をまとめた表現があります。この文を根拠として（ 2 ）と（ 4 ）には「区別」の反対である「同じ」を入れれば良いでしょう。あとは「同じ」の反対の言葉が出てくるところを探しましょう。

第六段落

〈これは〉チンパンジーには解くことがまったく無理な問題である。しかし、〈プレマックというアメリカの研究者は〉、チンパンジーに「同じ」と「違う」を表す記号文字を教えた。訓練には〈長い時間が〉かかったが、〈このチンパンジーは〉「同じ」「違う」という文字の意味するところを学習した。このチンパンジーに先ほどの帰納的アナロジーの問題を行ったところ、偶然よりも高い確率でこれらの問題が解けたということだ。〈「同じ」と「違う」ということばを持つこと自体が〉、モノ自体の同一性ではなく、「関係が同じ」ことに注目し、類推をし、関係のカテゴリーをつくっていくことを助けるのであり、〈これは〉人間だけでなく、チンパンジーにもいえることのようである。ただし、実験室で先ほどのようなアナロジーの問題を解くことができるチンパンジーの場合も、〈教えられた「同じ」「違う」ということばを用いて、実験室の外の普通の生活場面で関係概念を自分から学習することは〉、まったく見られなかったそうである。

第六段落より、「同じ」の対義語は「違う」だとわかります。このことから、（　1　）と（　3　）には「違う」を入れると良いでしょう。

問二

ステップ1 空所を含む一文を分析する。〔文構造、論理フレーム〕

例えば〈〔［　A　］というような〕比喩を発話したり、理解したりすることは《主部①主題》〉、〈実際には非常にかけ離れた存在である「植物」と「脳」が《主部②》〉「成長させるために栄養が必要」という、非常に抽象的な関係性において「同じである」《述部②》とみなすことで可能になっている《述部①》のだ。

空所のある一文を分析すると、主部②‐述部②という文を主部①‐述部①という文が挟み込む「**入れ子構造**」になっています。空所は主部①にあり、「比喩」を修飾しています。「〜は」は文の「主題」を表します。そして、その「主題」の説明は「〜は」以下にあると考えましょう。

プラチナルール24
「〜は」は主題を表し、その後に説明がくる

「は」以下を見ると「植物」と「脳」が「成長させるために栄養が必要」という点で「同じ」であると説明されていますので、「脳」を「植物」に喩えた文、もしくは「植物」を「脳」に喩えた文が［A］に入るとわかります。

ステップ2　解答

正解は①「書物は頭にとってもっともよく効く肥料だ」となります。「頭（脳）」を「植物」に喩えて、「書物」を成長させるための「肥料（栄養）」と言っているのです。

他の選択肢も検討しましょう。②は文化を植物に喩えているため、誤りです。③「子ども」は「脳」だけでなく「身体」も含めて言っているため、誤りです。④は「若いときは短い」という喩えなので「成長」ではありません。⑤は「元々あった才能が見つかった」という意味ですから「成長」ではありません。

問三

ステップ1 空所を含む一文を分析する。［文構造、論理フレーム］

しかし、〈人間の子どもは〉（主部）、［　B　］に導かれ（述部①）、
「見た目には大きく異なるモノ同士の関係が、同じ関係を表す［　B　］で表されている」ことを
経験することで（述部②）、
感覚的には直接経験できない、モノ同士の抽象的な関係における「同一性」を
学んでいくようになるのである（述部③）。

空所のある一文を分析すると、主部は「人間の子どもは」となっており、述部が三つ重ねられているとわかります。そして「Aを経験することで、Bを学ぶ」という形になっています。22に従って、根拠を探すときは似た構造の文を探しましょう。

ステップ2 解答の根拠をとらえる。〔周囲の文を見る〕

第四〜最終段落

しかし、〈人間の子どもは〉、[B]に導かれ、見た目には大きく異なるモノ同士の関係が、同じ関係を表す[B]で表されていることを経験することで、感覚的には直接経験できない、モノ同士の抽象的な関係における「同一性」を学んでいくようになるのである。

（〜具体的エピソード〜）

人間の子どもにとっても、最初は、[C]性の影響が非常に強く、そのため、[D]性を理解し、それに基づいて類推したり、カテゴリーをつくったりすることはとても難しい。先ほどのアナロジーの問題も、通常は、四、五歳の子どもには解くことができない。しかし、〈人間の子どもは〉、チンパンジーとは異なり、ことばを学ぶと、それを自発的に他の場面で使い、自分で関係の概念を理解し、学んでいくようになる。あることを学ぶと、それを足がかりに、さらに抽象的な関係における共通性を見出《みいだ》し、概念を発展させていくことができるのだ。

主部が「人間の子どもは」となっており、「Aを学ぶことで、Bを学ぶ」という形になっています。そして、最終的に「抽象的な関係における共通性」を学ぶという結論になっていることから、ここに解答の根拠があると確定させます。

ステップ3 解答

正解は「**ことば**」です。別解として「言語」もありますが、文の構造を理解して解くという観点から「ことば」を正解とする方が再現性のある解き方だと言えます。

問四

ステップ1 空所を含む一文を分析する。［文構造、論理フレーム］

> 人間の子どもにとっても、
> 最初は、〈［ C ］性の影響が〉主部 非常に強く、述部 そのため、
> 〈［ D ］性を理解し、それに基づいて類推したり、カテゴリーをつくったりすることは〉主部 とても難しい。述部

空所のある一文を分析すると、二つの文があるとわかります。この文の構造に注意して、「似た構造」の文を探しましょう。そこが解答、もしくは解答の根拠になります。

ステップ２　解答の根拠をとらえる。［周囲の文を見る］

第一・最終段落

〈外見の類似性は〉、私たちの認識にとって非常に強いインパクトを与える。しかし、言語を使うためには、見た目の「似ている」を超えて、関係に注目し、関係の同一性に注目することが必要だ。

（～中略～）

人間の子どもにとっても、最初は、〈［　C　］性の影響が〉非常に強く、そのため、〈［　D　］性を理解し、それに基づいて類推したり、カテゴリーをつくったりすることは〉とても難しい。先ほどのアナロジーの問題も、通常は、四、五歳の子どもには解くことができない。しかし、〈人間の子どもは〉、チンパンジーとは異なり、ことばを学ぶと、それを自発的に他の場面で使い、自分で関係の概念を理解し、学んでいくようになる。あることを学ぶと、それを足がかりに、さらに抽象的な関係における共通性を見出《みいだ》し、概念を発展させていくことができるのだ。

まず、最終段落を見ると「［　D　］性を理解し、それに基づいて類推したり、カテゴリーをつくったりすることはとても難しい」とあり、その後「しかし」と逆接でつなぎ、「（人間の子どもは）ことばを学ぶと、それを自発的に他の場面で使い、自分で関係の概念を理解し、学んでいく」とあるので、「［　D　］性を理解し」と「関係の概念を理解し」が同じであることがわかります。「［　D　］性」という形になるところを探すと、次の文に「さらに抽象的な関係における共通性を見出《みいだ》し、概念を発展させていく」と詳しく説明されています。ここに「抽象的な関係における共通性」という言葉が出てきますが、五字という字数に合わないため、「抽象的な関係における共通性」と同じ意味の語句を探します。すると、第一段落に「関係の同一性」という言葉があるため、ここで一つ解答が決まります。

次に反対の「［ C ］性」に対応する箇所を探すと、第一段落に「外見の類似性」という語句があり、「関係の同一性」と「しかし」でつながっているため、ここが反対の「［ C ］性」と同じであることがわかるのです。

よって、Cの正解は「**外見の類似**」、Dは「**関係の同一**」です。

プラチナルール25

解答の根拠を探すときは、近くから遠くへと目を動かす

テーマ 6

脱文補充問題

今回は文章の中の一文を抜き取り、それを元の位置に戻す、脱文補充問題の考え方を学びましょう。

今まではまずは本文の「一文の構造」をとらえるというところから始まりました。しかし、今回の脱文補充問題は一番大事な文が抜き取られているのですから、**問題の方から見なければいけません**。場合によっては一文足りない状態で通読をすることになってしまいますから、まず設問を確認して、脱文補充問題があるかチェックしましょう。

脱文補充問題があったら、**本文を読む前に脱文をチェック**してください。この点が他の問題とは決定的に異なる部分です。それでは脱文補充問題の手順を確認しましょう。

プラチナルール 26
脱文補充問題は脱文を分析して前後の文とつなげる

まず、脱文の分析ですが、「**文構造**」「**指示語**」「**接続表現**」「**論理フレーム**」をチェックしましょう。特に**主語の省略**などは見逃しやすいですが、とても重要です。なぜなら、前に省略された主語がきていなければいけないからです。

次に、前後の文とのつながりですが、指示内容がちゃんとあるか、接続表現の機能が果たせているかなどを考えながらつなげていきましょう。また、このときに重要になってくるのが、「**情報構造**」です。

文は「旧情報＋新情報」という順番で書かれます。ですから、

前　旧情報＋新情報

後　旧情報＋新情報

という順番に文を並べることが基本です。「**倒置**」も、この「情報構造」に忠実に書いた結果起こると考えてください。

また、「旧情報」が「**省略**」されることもあります。

最後に脱文を補充したら、全体を読んで確認しましょう。「指示語」「接続表現」が適切に働いているか、「情報構造」に乱れはないかとチェックしていけば、正解できるはずです。

それでは、問題をやってみましょう。

実践問題15

南山大学　2013年

目標解答時間　**3分**

次の文章を読んで、後の問いに答えよ。

今から三五億年前、気の遠くなるほどの太古の地球に一つの生物が誕生した。それは大腸菌のような単純な構造の生命体で、生きていくために必要な遺伝子のセットを一つしかもっていなかった。生存可能な環境がある限り、殖え続けることができた。つまり、変異が起こらない限り、まったく同じ遺伝子をコピーしながら無限に増殖を繰り返し、自ら死を迎えるというプログラムはもっていなかった。

それから二〇億年が過ぎたころ、今度は「性」によって殖えていく生物が出現した。《1》彼らはオスとメスからもらった二つの遺伝子のセットを有し、両方の遺伝子を掛け合わすことで唯一無二の新しい遺伝子を生み出す能力をもっていた。《2》また、そればかりでなく、不要な細胞、異常な細胞を死の遺伝子を利用して消去する能力を獲得していたのだ。《3》それによって生物の進化のスピードは加速され、爆発的に多様な生物が生まれていった。《4》それこそが死の起源であり、性と死はいっしょに生まれてきたのだ。《5》性によって生まれた受精卵の善し悪しの選別、そして大人（成体）になっていく発生過程でも、細胞の死が重要な働きをしている。たとえば、五本の指ができる時、指は生えてくるのではなく、まず細胞の固まりができ、それが成長する過程で指の間の余分な細胞が死ぬことによって、巧妙な手足の指の形が生まれる。《6》

（田沼靖一『科学の進歩により変わる生命、変わる生命観』より）

問　次の文は本文中から省かれています。それを挿入する箇所を《1》～《6》の中から一つ選んで、その番号を書きなさい。

〈挿入文〉つまり、性と死が裏腹であり、性がなければ、死はなかったのだ。

ステップ1　脱文を分析する。［文構造、論理フレーム］

つまり《接続表現》、〈性と死が〉《主部》裏腹であり《述部》、／性がなければ、〈死は〉《主部》なかったのだ《述部》。

26に従って、脱文を分析します。文の構造をとらえて、ポイントをチェックしましょう。最初に「つまり」という接続表現がありますので、前文は同じ内容のはずです。「性と死」について述べている文に注意しながら読んでいきましょう。

ステップ2　空所の前後の文とつないでみる。［周囲の文を見る］

それから二〇億年が過ぎたころ、今度は〈「性」によって殖えていく生物が〉出現した。

《1》×

〈彼らは〉オスとメスからもらった二つの遺伝子のセットを有し、

両方の遺伝子を掛け合わすことで唯一無二の新しい遺伝子を生み出す能力をもっていた。

《1》の前は『性』によって殖えていく生物が」が主語になっていますので、「性と死」について述べている脱文と同内容になりませんから、ここに脱文は入りません。

また、直後の文の「彼ら」は『性』によって殖えていく生物」を指しているので、この点からもここに脱文が入らないことがわかるでしょう。

〈彼らは〉オスとメスからもらった二つの遺伝子のセットを有し、両方の遺伝子を掛け合わすことで唯一無二の新しい遺伝子を生み出す能力をもっていた。

《2》×

主語省略

また、そればかりでなく、不要な細胞、異常な細胞を死の遺伝子を利用して消去する能力を獲得していたのだ。

《2》の前は「彼らは」＝「『性』によって殖えていく生物が」が主語ですから、脱文と同じ内容ではないので、ここにも脱文は入りません。

また、後ろの文は主語が省略されており、前の文の「彼らは」＝「『性』によって殖えていく生物が」が主語になります。

また、そればかりでなく、（主語省略（『性』によって殖えていく生物は））不要な細胞、異常な細胞を死の遺伝子を利用して消去する能力を獲得していたのだ。

《3》×つまり、〈性と死が〉裏腹であり、／性がなければ、〈死は〉なかったのだ。

それによって〈生物の進化のスピードは〉加速され、／爆発的に〈多様な生物が〉生まれていった。

《3》の前は「彼らは」＝「『性』によって殖えていく生物が」が「不要な細胞、異常な細胞を死の遺伝子を利用して消去する能力」を獲得したとあるので、一応「性」と「死」という言葉が出てきます。

ただし、脱文をここに挿入した場合、後ろの文の「それによって」という部分がつながらなくなってしまいます。「それ」は「不要な細胞、異常な細胞を死の遺伝子を利用して消去する能力」を指していますから、ここに脱文は入りません。

また、そればかりでなく、（主語省略『性』によって殖えていく生物は）不要な細胞、異常な細胞を死の遺伝子を利用して消去する能力を獲得していたのだ。

それによって〈生物の進化のスピードは〉加速され、／爆発的に〈多様な生物が〉生まれていった。

《4》×

〈それこそが〉死の起源であり、／〈性と死は〉いっしょに生まれてきたのだ。

《4》の前は「生物の進化のスピードは」や「多様な生物が」が主語になっているので、脱文は入りません。ただし、後ろの文は「性と死は」が主語になっていますから、迷った人もいるかもしれません。この点は次の《5》とともに検討してみましょう。

〈それこそが〉死の起源であり、／〈性と死は〉いっしょに生まれてきたのだ。
（旧情報：それ　新情報：性と死は）

《5》○つまり、〈性と死が〉裏腹であり、／性がなければ、〈死は〉なかったのだ。
（旧情報：性と死が　新情報：性がなければ）

性によって生まれた受精卵の善し悪しの選別、そして大人（成体）になっていく発生過程でも、〈細胞の死が〉重要な働きをしている。

《5》の前の文と脱文は同じことを言っていますから、ここに脱文が入ります。また《5》の前の文では「新情報」だった内容が、脱文では「旧情報」となっていますから、「情報構造」を考えても、この順番が適切だということがわかります。

プラチナルール 27

前の文の「新情報」が、次の文の「旧情報」となることが多い

たとえば、五本の指ができる時、〈指は〉生えてくるのではなく、まず〈細胞の固まりが〉でき、

それが成長する過程で指の間の余分な細胞が死ぬことによって、〈巧妙な手足の指の形が〉生まれる。

《6》×

《6》の前の文には「性」がありませんから、ここには脱文が入らないとわかります、

ステップ3　文をつないで確認する。

それから二〇億年が過ぎたころ、今度は〈「性」によって殖えていく生物が〉出現した。〈彼らは〉オスとメスからもらった二つの遺伝子のセットを有し、両方の遺伝子を掛け合わすことで唯一無二の新しい遺伝子を生み出す能力をもっていた。また、そればかりでなく、不要な細胞、異常な細胞を死の遺伝子を利用して消去する能力を獲得していたのだ。それによって〈生物の進化のスピードは〉加速され、爆発的に〈多様な生物が〉生まれていった。〈それこそが〉死の起源であり、〈性と死は〉いっしょに生まれてきたのだ。つまり、〈性と死が〉裏腹であり、性がなければ、〈死は〉なかったのだ。性によって生まれた受精卵の善し悪しの選別、そして大人（成体）になっていく発生過程でも、〈細胞の死が〉重要な働きをしている。たとえば、〈五本の指が〉できる時、〈指は〉生えてくるのではなく、まず〈細胞の固まりが〉でき、それが成長する過程で〈指の間の余分な細胞が〉死ぬことによって、〈巧妙な手足の指の形が〉生まれる。

「つまり」という接続表現で文がうまくつながっていますね。同じ内容かどうかは、「主語」「述語」という「文の構造」をとらえて判断していきましょう。

続けてもう一問やってみましょう。キーワードは「譲歩」です。

実践問題16

駒澤大学　２０１４年

目標解答時間　**3分**

次の文章を読んで、後の問いに答えよ。

共同性をめぐるこのような構図は、国家的なるものと私的なものとのせめぎあいとして表現されてきたが、おなじように、そうした私的なるものの共同利害にかかわる公共的な領域においても、国家的制度と地域社会の慣習（ときに特定階層や民族集団、宗教集団であることもある）が激しく対立する場面がある。

が、これらの対立や不正じたいが、最終的には国家の理法、つまりは「法」によって裁かれる。国家のこの理法に従わない者は、国家による保護を受けることもできない。①「法」を侵す者、あるいは「国民」として「登録」されていない者は、国家の直接の統治下にある施設に収容されるか、その領土の外部へと強制退去させられる。②要は、強制収容か放逐である。③わたしたちの社会では「国家」が、さまざまな中間共同体の、最後の、そして最強の「掟」として機能しているわけであり、その意味では理念としての存在でありながら、「国家」はあくまで、「出入り自由」な社会ではなく、空間的な輪郭と構成員の定かな最大の共同体なのである。

④国家の枠をはみ出て発動するさまざまな多国籍企業やＮＰＯ・ＮＧＯが活動領域をますます拡大しているし、なにより「国連」という超国家的な連合機関もある。⑤それらの活動は「国際法」の規制を受けるが、それらの法の妥当根拠はといえば、それは「人権」と呼ばれる理念である。⑥人類社会こそ「最上級の共同体」として措定されているのである。とはいえ、現在、地球のそこかしこで起こっている民族紛争や国際紛争にみられるように、それぞれの国家が、あるいは民族グループがそれぞれに「人権」の承認とそれぞれの国家・民族社会の「安全」の要求を掲げて争っている。「人類社会」は理念として措定されているが、

現実にはそれぞれの国家もしくは民族グループが、それぞれの視角からこの「普遍的規範」を掲げるというかたちで、正統性を競っているにすぎない。

（鷲田清一『〈ひと〉の現象学』より）

問　次の文は、本文中の①～⑥のどの箇所に挿入するのが最も適当か、その数字をマークせよ。

もちろん、現代社会では、国家よりも大きな共同体が模索されていないわけではない。

ステップ1　脱文を分析する。［文構造、論理フレーム］

譲歩　主部　述部　二重否定

もちろん、現代社会では、〈国家よりも大きな共同体が〉模索されていないわけではない。

26に従って、脱文を分析します。最初の「もちろん」という表現は「**譲歩**」のフレームを作ります。この後に「逆接」の接続表現がくることを予想しましょう。

「譲歩」のフレーム

もちろん
たしかに
なるほど
むろん

＋

Ａ　だが、Ｂ
Ａ　である。しかし　Ｂ

そして、主部は「国家よりも大きな共同体が」となっています。また、述部には「ないわけではない」という二重否定があります。

以上より、「もちろん、現代社会では、国家よりも大きな共同体が模索されている。〜しかし、国家は〜」という展開になるのではないかと予想しつつ、読み進めていきましょう。

ステップ2 空所の前後の文とつないでみる。〔周囲の文を見る〕

〈国家のこの理法に従わない者は〉、国家による保護を受けることもできない。

①×

〈「法」を侵す者、あるいは「国民」として「登録」されていない者は〉、国家の直接の統治下にある施設に収容されるか、その領土の外部へと強制退去させられる。

①の前は「国家のこの理法に従わない者は」が主語となっており、後ろの文も似た意味の「『法』を侵す者、あるいは『国民』として『登録』されていない者は」が主語になっています。「国家よりも大きな共同体」から「国家」の話に移るためには、「逆接」の接続表現が必要ですから、ここには脱文は入りません。

〈「法」を侵す者、あるいは「国民」として「登録」されていない者は《主部》〉、
国家の直接の統治下にある施設に収容されるか、その領土の外部へと強制退去させられる《述部》。

②×
要は《接続表現》、強制収容か《主語省略》放逐である。

②の前は「『法』を侵す者、あるいは『国民』として『登録』されていない者は」が主語となっており、その説明が後ろの文で「要は」という接続表現を用いて要約的にまとめられています。主語は前の文の内容ですから、省略されています。

ということで、ここにも脱文は入りません。

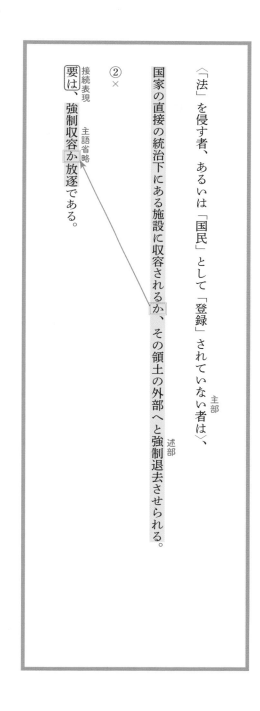

要は、強制収容か放逐である。

③×
わたしたちの社会では〈「国家《主語》」が〉、さまざまな中間共同体の、最後の、そして最強の「掟」として機能しているわけであり、その意味では理念としての存在でありながら、〈「国家《主語》」は〉あくまで、「出入り自由」な社会ではなく、空間的な輪郭と構成員の定かな最大の共同体なのである。

③の前は「『法』を侵す者、あるいは『国民』として『登録』されていない者」について述べた文です。そして、後ろの文は主語が「国家」になっています。脱文は「国家よりも大きな共同体」について述べていますから、ここにも脱文は入りません。

わたしたちの社会では〈「国家」が〉、さまざまな中間共同体の、最後の、そして最強の「掟」として機能しているわけであり、その意味では理念としての存在でありながら、〈「国家」は〉あくまで、「出入り自由」な社会ではなく、空間的な輪郭と構成員の定かな最大の共同体なのである。

④○もちろん、現代社会では、〈国家よりも大きな共同体が〉模索されていないわけではない。

具体例
〈国家の枠をはみ出て発動するさまざまな多国籍企業やNPO・NGOが〉活動領域をますます拡大しているし、／なにより〈「国連」という超国家的な連合機関も〉ある。

④の前の文は「国家」について述べていますが、④の後ろは「国家の枠をはみ出て発動するさまざまな多国籍企業やNPO・NGO」『国連』という超国家的な連合機関」というように「国家よりも大きな共同体」の具体例がきています。ですから、ここには脱文を入れることができます。ただし、他の箇所も検討してから解答を決定するようにしてください。

〈国家の枠をはみ出て発動するさまざまな多国籍企業やＮＰＯ・ＮＧＯが〉活動領域をますます拡大しているし、なにより〈「国連」という超国家的な連合機関も〉ある。

⑤×

〈それらの活動は〉「国際法」の規制を受けるが、それらの法の妥当根拠はといえば、〈それは〉「人権」と呼ばれる理念である。

⑤の後ろの文には「それら」という複数の指示内容を指す指示語があります。脱文を入れてしまうと指示内容が一つになってしまうので、ここには脱文は入りません。

〈それらの活動は〉「国際法」の規制を受けるが、
それらの法の妥当根拠はといえば、〈それは〉「人権」と呼ばれる理念である。
⑥△
〈人類社会こそ〉「最上級の共同体」として措定されているのである。

とはいえ、現在、地球のそこかしこで起こっている民族紛争や国際紛争にみられるように、〈それぞれの国家が、あるいは民族グループが〉それぞれに「人権」の承認とそれぞれの国家・民族社会の「安全」の要求を掲げて争っている。

⑥はなんとなく入れてもいいように思えます。
しかし、注意して欲しいのは「譲歩」のフレームです。この後ろに「とはいえ」という接続表現が見えたら、その後も確認してみると良いでしょう。すると、主語が「それぞれの国家が、あるいは民族グループが」になっています。

ここまでわかれば、「譲歩」部分で「国家よりも大きな共同体」について、「とはいえ」以下で「国家」についてそれぞれ説明するという、当初の予想通りになります。最後に全体を確認してみましょう。

が、〈これらの対立や不正じたいが〉、最終的には国家の理法、つまりは「法」によって裁かれる。〈国家のこの理法に従わない者は〉、国家による保護を受けることもできない。〈「法」を侵す者、あるいは「国民」として「登録」されていない者は〉、国家の直接の統治下にある施設に収容されるか、その領土の外部へと強制退去させられる。要は、強制収容か放逐である。わたしたちの社会では〈「国家」が〉、さまざまな中間共同体の、最後の、そして最強の「掟」として機能しているわけであり、その意味では理念としての存在でありながら、〈「国家」は〉あくまで、「出入り自由」な社会ではなく、空間的な輪郭と構成員の定かな最大の共同体なのである。

〈もちろん《譲歩》、現代社会では、〈国家よりも大きな共同体が〉模索されていないわけではない。〈国家の枠をはみ出て発動するさまざまな多国籍企業やＮＰＯ・ＮＧＯが〉活動領域をますます拡大しているし、なにより〈「国連」という超国家的な連合機関も〉ある。〈それらの活動は〉「国際法」の規制を受けるが、それらの法の妥当根拠はといえば、〈それは〉「人権」と呼ばれる理念である。〈人類社会こそ〉「最上級の共同体」として措定されているのである。〉とはいえ、現在、地球のそこかしこで起こっている民族紛争や国際紛争にみられるように、〈それぞれの国家が〉、あるいは〈民族グループが〉それぞれに「人権」の承認とそれぞれの国家・民族社会の「安全」の要求を掲げて争っている。〈「人類社会」は〉理念として措定されているが、現実には〈それぞれの国家もしくは民族グループが〉、それぞれの視角からこの「普遍的規範」を掲げるというかたちで、正統性を競っているにすぎない。

このようにつなげてみると、「譲歩」の部分に「国家よりも大きな共同体」が説明されているのが構造上適切であるとわかります。

ですから、最後に全体像を確認するようにしましょう。

プラチナルール 28

「譲歩」のフレームは、「逆接」がポイント

テーマ 7

文整序問題

テーマ7では文整序問題の考え方を学びましょう。文整序問題は脱文補充問題と同じく**文と文のつながりを意識**して解く問題です。ですから、考え方も脱文補充問題と似ています。

ただし、脱文補充問題と比べて、より難しい側面もあります。脱文補充問題は一つの脱文がどこに入れば良いかを考えるだけでした。しかし、文整序問題はいろいろなパターンが考えられるので、確率的にも難しくなります。ですから、プラチナルールを学んで確実に正解できるようにしましょう。

プラチナルール 29

文整序問題は「情報の新旧」「指示語」「接続表現」がポイント

脱文補充問題と同様に、整序文の分析においても「文構造」「指示語」「接続表現」が重要です。

まず、「文構造」は「**旧情報→新情報**」という順番を意識しましょう。

次に「**指示語**」「**接続表現**」**が前の文につながる**か、後ろの文の「指示語」「接続表現」がうまくつながっているかを確認しましょう。

最後に、すべての文をつないで読んでみて、確認します。

文整序問題も脱文補充問題と同様に、**自然な文章の流れがわかっているかどうかを試す問題**です。プラチナルールを駆使して、確実に正解しましょう。

実践問題17

同志社女子大学 2012年

目標解答時間 **3分**

次の文章を読んで、後の問いに答えよ。

ディズニーランドは、ウォルト・ディズニー自身の想像力の必然的な帰結として、それまでの遊園地とはまったく異質な発想のもとに生まれたのである。たとえば、ボブ・トーマスはつぎのように述べている。

「ディズニーは、彼の制作する漫画が説得力をもち、観客に楽しさをたっぷり提供するよう、常に努力を怠らなかった。漫画映画に音と色を加えたのも、ウォルト・ディズニーである。またアニメーターにうるさく注文をつけ、長編漫画を作るに足る腕を磨かせた。そしてアニメーションを長編にまで引き上げていくと、彼はまた新たな目標に挑んだ――俳優を使った劇映画、自然記録映画、テレビ番組、そしてディズニーランド。それは、観客をただの見物人から参加者に変えていくという、いわば自然な移行過程であった。ディズニーは、映画制作者としての三〇年間に学びとった技術とショーマンシップのすべてをディズニーランドに注ぎ込んだのである」。

I

こうしたディズニーランドの映像性は、園内のあらゆる場面を貫いている。ディズニーランドにおけるさまざまなランドの風景は、それを手がけたのが映画の美術監督たちであったことが示すように、基本的には映画のセットと同質の考え方にもとづいている。この点について、ディズニー自身、「映画と同じく、ディズニーランドもシーンからシーンへと移っていくのでなければならない。その移り変わりは、建築様式や色を互いに調和させながらそっと行なう。そうすれば、一つのアトラクションから次のアトラクションへ移るのに客が断絶を感じないし、また、見たものをすべて覚えておける」と考えていたという。人びとは、ディズニーの映画を観るのと同じように、あるいはスピルバーグやルーカスの映画を観るのと同じように、ディズニーランドのアトラクションを味わうのである。アトラクションからアトラクションへの移動は、スクリーンからスクリーンへの移動、あるいはテレビの前でチャンネルを選択していく行為になぞらえることができる。人びとは、書割り的な舞台装置が並び、自動人形たちが話しかけるなかを気儘《きまま》に動き回ることで、いつしかディズニーランドという巨大なスクリーンのなかに吸い込まれているのである。

（吉見俊哉「メディア環境のなかの子ども文化」より）

問　空欄Ｉには、次の（あ）～（え）の四つの文がある順番で入る。正しい順番に並べたものを、後の①～⑥の中から選び、番号で答えなさい。

（あ）　この変化は、ディズニーの想像力においてまったく連続的であった。
（い）　ディズニーランドはその本質において、遊園地よりもディズニーのさまざまな映像の世界にはるかに近いのである。
（う）　たとえ彼がディズニーランドを構想した直接のきっかけがなんであったにせよ、重要なのはこの連続性である。

（え）動かない漫画から動くアニメーションへ、音のないアニメから音の入ったアニメ、そしてカラフルな長編アニメへ、さらに二次元の映画から三次元のディズニーランドへ。

① （あ）→（い）→（え）→（う）
② （あ）→（う）→（い）→（え）
③ （い）→（え）→（う）→（あ）
④ （う）→（え）→（あ）→（い）
⑤ （え）→（あ）→（う）→（い）
⑥ （え）→（い）→（あ）→（う）

（あ）〈この変化は〉、ディズニーの想像力においてまったく連続的であった。
（指示語：この）

（い）〈ディズニーランドは〉その本質において、
遊園地よりもディズニーのさまざまな映像の世界にはるかに近いのである。
（指示語：その → ディズニーランド）

（う）たとえ彼がディズニーランドを構想した直接のきっかけがなんであったにせよ、
〈重要なのは〉この連続性である。
（指示語：この）

（え）動かない漫画から動くアニメーションへ、音のないアニメから音の入ったアニメ、
そしてカラフルな長編アニメへ、さらに二次元の映画から三次元のディズニーランドへ。
（述部省略）

（あ）は「この変化」と指示語が使われているところがポイントです。前の文には「変化」が書かれているはずです。
（い）は「その本質」という指示語がありますが、この指示語は「ディズニーランド」を指しており、前の文とのつ

ながりを示していません。ですから（い）の前に何かをくっつけるというのは優先順位が下がります。

（う）は「この連続性」と指示語が使われています。前の文には「連続性」が書かれているはずです。

（え）は省略があります。「～へ。」で文が終わることはありません。ですから、「～へ」の後に何が省略されているのかを考えましょう。「AからBへ」というのは「変化」のフレームです。ですから、「AからBへ」の後ろには「と変化する」が省略されていると考えてください。

プラチナルール 30

「AからBへ」という形は「変化」のフレーム

ステップ2 つなげやすい文からつなげていく。［指示語、接続表現、省略を考える］

（え）動かない漫画から動くアニメーションへ、音のないアニメから音の入ったアニメ、そしてカラフルな長編アニメへ、さらに二次元の映画から三次元のディズニーランドへ。

述部の省略（と変化している。）


（あ）〈この変化は〉、ディズニーの想像力においてまったく連続的であった。

指示語

（う）たとえ彼がディズニーランドを構想した直接のきっかけがなんであったにせよ、〈重要なのは〉この連続性である。

指示語

まず一番つなぎやすいのは（あ）↓（う）です。「この連続性」が指す内容が（あ）に「この変化は、～連続的であった」とあります。

次につなぎやすいのは（え）↓（あ）です。「この変化」が指す内容ですが、（え）にあります。ただし、（え）は「AからBへ」で終わっていますので、その後に述部「と変化している」が省略されています。「AからBへ」というのは「変化」のフレームですから、そのフレームの理解も問われていると考えてください。

すると、（え）→（あ）→（う）という順番が決まります。この順番が含まれている選択肢は⑤しかありませんので、⑤を正解とします。

ステップ3 並べ替えて確認する。

> 動かない漫画から動くアニメーションへ、音のないアニメから音の入ったアニメ、そしてカラフルな長編アニメへ、さらに二次元の映画から三次元のディズニーランドへ。〈この変化は〉、ディズニーの想像力においてまったく連続的であった。たとえ彼がディズニーランドを構想した直接のきっかけがなんであったにせよ、〈重要なのは〉この連続性である。〈ディズニーランドは〉その本質において、遊園地よりもディズニーのさまざまな映像の世界にはるかに近いのである。

指示語がきちんと機能していることを確認して、解答を決定するようにしましょう。

もう一問やってみましょう。

実践問題18

早稲田大学　2018年

目標解答時間　8分

次の文章を読んで、後の問いに答えよ。

さて、「正しい」の辞書定義はおよそ次の例に代表される。

1　形や向きがまっすぐである
a　形が曲がったりゆがんだりしていない
b　血筋などの乱れがない
2　道理にかなっている。事実に合っている。［a］
3　道徳・法律・作法などにかなっている。規範や規準に対して乱れたところがない

（デジタル大辞泉）

1　道徳・倫理・法律などにかなっている。よこしまでない
2　真理・事実に合致している。誤りがない
3　標準・規準・規範・儀礼などに合致している
4　筋道が通っている。筋がはっきりたどれる
5　最も目的にかなったやり方である。一番効果のある方法である
6　ゆがんだり乱れたりしていない。恰好《かっこう》がきちんと整っている

（大辞林）

これらの定義は大きく四つの種類に分けることができるだろう。「事実に合っている」、「規準や規範にかなっている」、「 b 」、「 c 」の四つである。このうち四番目の「 c 」は物理的形状についての概念であって他の三つと一線を画し、哲学的ふくみが薄いので本書ではあつかわない。一番目から三番目の定義はどれも言明、行為、または推論に関してであり、それが外部からあたえられた何かと適合しているのが正しいということだ、と言っているように思われる。もしそうならば、その何かとは何で、それに適合するとはどういうことかをはっきりさせることが必要である。これはかなりやっかいな仕事であり、かつ同時に得るところも多い。哲学的に重要な諸概念が巻き込まれるので、それらについての明瞭化がせまられるからだ。それに加えて「正しい」ということのもう一つの重要な一面、すなわち、正しくあることはそれ自体で望ましいということ、つまり「正しい」という概念はポジティブな評価的概念であるということを照らし出すのにも役立つ。

「正しい」と反対の意味の表現はというと、「正しくない」や「まちがっている」がすぐ思い浮かぶ。先の辞書の定義から言えば、「事実に合っていない」、「規準や規範にかなっていない」、「筋道が通っていない」となる。「…ない」という否定辞をつけて反対の意味を表すのは常道だが、「まちがっている」には否定辞はない。にもかかわらず、すでに否定辞をふくむ「まちがっていない」を「正しい」と同義とみなせば、それに否定辞を加えた「まちがっていないのではない」に二重否定の論理的操作を適用した結果が「まちがっている」なので、「正しい」の反対の意味の表現が否定辞を暗にふくむという主張の反例にはならない。

辞書定義は「正しい」という概念の分析の足がかりをあたえてはくれるが、それ以上のことはしないし、するように意図されてもいない。その足がかりからさらに前進するには、まったく別の方法がいる。それが分析哲学の方法である。それについてかんたんに見ることにしよう。

「何々哲学」という表現はいろいろある。「西洋哲学」や「東洋哲学」は哲学がなされた場所や知的・文化的土壌をしめす。「フランス哲学」、「日本哲学」などは同様のより狭い範囲を意味する時間による分け方もしばしばなされる。「中世哲学」、「一七～一八世紀哲学」など。また場所と時間を合わせ言う表現もある。「古代ギリシャ哲学」がいい例だ。また「政治哲学」、「量子力学の哲学」、「フィクションの哲学」などカバーするトピックを表す表現もある。しかし「分析哲学」はそのいずれでもない。

概念を「分析」する哲学というのがもともとの意味なのだが、二一世紀初頭の現在では、それよりも広くかなり漠然とした方法論的態度にもとづいてなされる哲学を意味する。では、その方法論的態度とはどのような態度なのか。ひとことのスローガンにすれば、「詩的な言葉づかいとは対極的な言葉づかいをする」哲学の態度だと言えるかもしれない。詩的な言葉づかいは、雰囲気をうみだすとか感情をかきたてるなどの目的には適しているが、分析哲学には適していない。哲学的なトピックを正確に提示し、それについて論理的に引き締まったかたちで語るというのが分析哲学だからである。そのためには「議論」が中心的な役割を果たす。議論を尊重する態度をもっておこなう哲学が分析哲学だと言えば、かなり大雑把ではあるにしろ分析哲学の本質をとらえることになるだろう。もう一つスローガンがほしいと言うのなら、「分析哲学、それは理屈だ」がいいかもしれない。「議論をする」ということは、「理屈を言う」ということにほかならないのであるから。

このように言うと、次のような反論をまねくのは避けられない。「理屈を言うと周りの人とうまくやっていけなくなるので、理屈は言うべきではない」、あるいは「理屈っぽいのは嫌われるので、理屈っぽくてはいけない」といった反論である。しかしながら分析哲学をやるときは、わたしたちは、こういった反論を真に受ける必要はない。そのような反論は「わたしの言っていることを聞いてはいけない」と主張するようなものだからだ。自己反駁《ばく》的なのである。なぜそうなのかは、その二つの反論をくわしく見ればわかる。一番目の反論は、足りない箇所をおぎない、きちんと整理して定式化すると次のようになる。

1　理屈を言うと周りの人とうまくやっていけない。
2　周りの人とうまくやっていけないのはよくない。
3　[　d　]。
だから、
4　理屈は言うべきではない。

1〜3を理由としてあげて、それにもとづいて4という結論を出している。議論をしているのである。つまり、次のような理屈に訴えているのだ。「もし1〜3がすべて真ならば、4も真でなければならない。1〜3は真である。ゆえに、4は真である」。理屈を言って「理屈を言うな」と主張しているのである。二番目の反論も同様に自己反駁的だ。

5　理屈っぽいのは嫌われる。
6　嫌われるのはいけない。
なので、
7　理屈っぽいのはいけない。

一番目よりも短いが、これもあきらかに議論である。「もし5と6がともに真ならば、7も真でなければならない。5と6はともに真である。ゆえに、7は真である」。この理屈なしでは二番目の反論は成り立たない。[甲]自己欺瞞《まん》的とさえ言ってもいいかもしれない。

（八木沢 敬『「正しい」を分析する』より）

問一　空欄 a ～ c に入る語句の組み合わせとして最も適切なものを次の中から一つ選び、解答欄にマークせよ。

① a ゆがみや乱れがない　b 筋道が通っている　c 正確である
② a 筋道が通っている　b 正確である　c ゆがみや乱れがない
③ a 正確である　b 筋道が通っている　c ゆがみや乱れがない
④ a 正確である　b ゆがみや乱れがない　c 筋道が通っている
⑤ a 筋道が通っている　b ゆがみや乱れがない　c 正確である
⑥ a ゆがみや乱れがない　b 正確である　c 筋道が通っている

問二　空欄 d に入る最も適切なものを次の中から一つ選び、解答欄にマークせよ。

① 嫌われることをすべきではない
② 理屈を言うのはよくないことだ
③ 周りの人とはうまくやるべきだ
④ よくないことはすべきではない

問三　空欄 甲 には次の四つの文が入る。正しい順序に並べ替えたとき、四番目にくる文はどれか。最も適切なものを次の中から一つ選び、解答欄にマークせよ。

① これが自己論駁的でないならば何なのか。
② いけないと自分が主張していることをすることによって、それがいけないことだという自分の主張を確

立しようとしているわけだ。
③ 少なくとも不誠実であることはたしかである。
④ 「理屈っぽいのはいけない」という主張を、理屈によって支持しようとしているのである。

問一

複数の空所に入る語句のセットを選ぶ問題は「簡単なところから解く」ということを意識しましょう。そうすると、早く正確に解けるようになります。今回は［c］が最も簡単ですから、［c］から解きましょう。

プラチナルール31 複数の空所に語句を入れる問題は、簡単なところから解く

ステップ1 空所のある文を分析する。〔文構造、論理フレーム〕

> 主語省略（四つの種類とは）
> 「事実に合っている」、「規準や規範にかなっている」、「［b］」、「［c］」の四つである。
> 〈このうち四番目の「［c］」は〉物理的形状についての概念であって他の三つと一線を画し、
> 主部　述部
> 哲学的ふくみが簿い［ので］本書ではあつかわない。

22に従って文の構造を分析すると、「［c］」は二つの文にあり、一つ目の文は主語が省略されているとわかります。

また、二つ目の文は「［c］」の説明となっており、［c］には「物理的形状についての概念」が入ります。

ステップ2 解答の根拠を求める。［似た構造の文を探す］

〈これらの定義は〉大きく四つの種類に分けることができるだろう。「事実に合っている」、「規準や規範にかなっている」、「b」、「c」の四つである。〈このうち四番目の「c」は〉物理的形状についての概念であって他の三つと一線を画し、哲学的ふくみが薄いので本書ではあつかわない。〈一番目から三番目の定義は〉どれも言明、行為、または推論に関してであり、それが外部からあたえられた何かと適合しているのが正しいということだ、と言っているように思われる。もしそうならば、〈その何かとは何で、それに適合するとはどういうことかをはっきりさせることが〉必要である。〈これは〉かなりやっかいな仕事であり、かつ同時に得るところも多い。〈哲学的に重要な諸概念が〉巻き込まれるので、それらについての明瞭化がせまられるからだ。それに加えて「正しい」ということのもう一つの重要な一面、すなわち、正しくあることはそれ自体で望ましいということ、つまり「正しい」という概念はポジティブな評価的概念であるということを照らし出すのにも役立つ。

「正しい」と反対の意味の表現はというと、〈「正しくない」や「まちがっている」が〉すぐ思い浮かぶ。先の辞書の定義から言えば、「事実に合っていない」、「規準や規範にかなっていない」、「筋道が通っていない」となる。〈「…ない」という否定辞をつけて反対の意味を表すのは〉常道だが、「まちがっている」には〈否定辞は〉ない。にもかかわらず、すでに否定辞をふくむ「まちがっていない」を「正しい」と同義とみなせば、〈それに否定辞を加えた「まちがっていないのではない」に二重否定の論理的操作を適用した結果が〉「まちがっている」なので、「正しい」の反対の意味の表現が否定辞を暗にふくむという主張の反例にはならない。

23に従って解答の根拠を求めると、第三段落に「正しい」の定義の反対が説明されています。そこには「事実に合っていない」「規準や規範にかなっていない」「筋道が通っていない」と、b を含む定義の否定形があります。反対のことを言っている文も解答の根拠になります。

ステップ3　選択肢を選ぶ。

c「物理的形状についての概念」は「ゆがみや乱れがない」であり、他はそうではないので、②か③に決まります。

b「筋道が通っていない」の反対は「筋道が通っている」なので、正解は③と決まります。

aはそもそも四分類になる前なので、何が入るかはわかりません。ここが落とし穴になっていて、**難関大の空所補充問題は最初に解けない問題がくることがある**ということも覚えておきましょう。「簡単なところから解く」ということをぜひ覚えておいてください。

問二

空所補充問題なのですが、補充するのは語句ではなく文ですので、脱文補充の考え方も組み合わせて解きましょう。

プラチナルール 32

空所に文を入れる問題は、脱文補充問題と同様に前後のつながりをチェック

ステップ1　空所の前後を分析する。〔文構造、論理フレーム〕

1　理屈《A》を言う[と]↓周りの人《B》とうまくやっていけない。

2　周りの人《B》とうまくやっていけないの[は]↓よくない《C》。

3　[d]。

[だから]、

4　〈理屈《A》[は]〉↓言うべきではない《×》。

空所の前後の文を分析すると、「理屈は言うべきではない（A↓×）」という主張を論証していることがわかります。論証とは「飛躍を埋めること」だとわかっている人はこの段階で解答がわかったかもしれません。ただ、本文に根拠はありますから、探しにいきましょう。

ステップ2　解答の根拠を求める。［似た構造の文を探す］

〈一番目の反論は〉、足りない箇所をおぎない、きちんと整理して定式化すると次のようになる。

1　理屈を言うと周りの人とうまくやっていけない。
2　周りの人とうまくやっていけないのはよくない。
3　［　d　］。
だから、
4　理屈は言うべきではない。

1～3を理由としてあげて、それにもとづいて4という結論を出している。議論をしているのである。つまり、次のような理屈に訴えているのだ。「もし1～3がすべて真ならば、4も真でなければならない。1～3は真である。ゆえに、4は真である」。理屈を言って「理屈を言うな」と主張しているのである。〈二番目の反論も〉同様に自己反駁的だ。

5　理屈っぽいのは嫌われる。
6　嫌われるのはいけない。
なので、
7　理屈っぽいのはいけない。

22に従って解答の根拠を求めると、「二番目の反論も同様に自己反駁的だ」とあるので、「一番目の反論」と「二番目の反論」は類似の関係になっているということがわかります。この場合同型的なものだと考えられます。

5 理屈っぽいのは嫌われる。
A→B

6 嫌われるのはいけない。
B→X

なので、

7 理屈っぽいのはいけない。
A→X

このように見れば、「飛躍を埋める論証」をしていることがわかるので、一番目の反論も同じように飛躍を埋めると良いでしょう。

ステップ3 選択肢を選ぶ。

正解は④「よくないことはすべきではない」となります。「C→X」になるのはこの選択肢です。

他の選択肢を検討しましょう。①は「二番目の反論」の論証となっているから誤りです。あくまで「一番目の反論」と「二番目の反論」は形式が似ているのであって、内容は「一番目の反論」になっていなければいけません。②「A→C」と言っており、「A→X」という結論まで届いていないため、誤りです。③は2「周りの人とうまくやっていけないのはよくない」と同じことを言っているだけなので、誤りです。

問三

ステップ1 整序する文を分析する。〔文構造、論理フレーム〕

① 指示語〈これが〉自己論駁的でないならば何なのか。

② いけないと自分が主張していることをすることによって、それがいけないことだという自分の主張を確立しようとしているわけだ。

③ 主語省略（それは）少なくとも不誠実であることはたしかである。

④ 「理屈っぽいのはいけない」という主張を、理屈によって支持しようとしているのである。

①に「指示語」があるので、指示内容を含む文を前に持ってきましょう。また、①には「何なのか」という「問題提起」があるので、直後に「答え」がくると考えてください。①を中心につないでいきましょう。

ステップ2　つなげやすい文からつなげていく。

②　いけないと自分が主張していることをすることによって、それがいけないことだという自分の主張を確立しようとしているわけだ。

①　〈これが〉自己論駁的でないならば何なのか。（問題提起）

③　（主語省略（それは））少なくとも不誠実であることはたしかである。

「これ」の指示内容は「自己論駁的」内容になりますから、②が前にきます。「何なのか」という問題提起の「答え」は「不誠実」というのがありますから、後ろには③がきます。

最後に残った④は②と同内容なので、②の前に入れましょう。

ステップ3 並べ替えて確認する。

一番目よりも短いが、〈これも〉あきらかに議論である。「もし5と6がともに真ならば、7も真でなければならない。5と6はともに真である。ゆえに、7は真である」。この理屈なしでは二番目の反論は成り立たない。「理屈っぽいのはいけない」という主張を、理屈によって支持しようとしているのである。いけないと自分が主張していることをすることによって、それがいけないことだという自分の主張を確立しようとしているわけだ。〈これが〉自己論駁《ばく》的でないならば何なのか。少なくとも不誠実であることはたしかである。自己欺瞞《まん》的とさえ言ってもいいかもしれない。

「指示語」「問題提起」など問題なくつながっていることがわかれば、正解できますね。正解は③です。

テーマ8

内容真偽問題

ほとんどの評論文では、問題の最後には「本文の内容と合致するもの／合致しないものを選べ」という設問があります。これは全体を把握していないと解くことができないので、多くの人が苦手とする問題です。

「今まで分析ばかりしていたので、全体をとらえるのが苦手です」という人もいるかと思いますが、その考え方は違います。細部を理解できていない人が、どうして全体像をとらえることができるのでしょうか。むしろ、一文一文、段落ごとに正確に読んできたからこそ、全体が理解できるのです。ですから、皆さんは必ず内容真偽問題も解けるようになります。

プラチナルール33

内容真偽問題は本文を意味段落に分けて考える

まず、本文を通読して「意味段落分け」を行いましょう。「意味段落分け」をする際には二つのことに注意してください。

プラチナルール34

「意味段落分け」をするときは「主題」の転換と「主張」の方向転換に注意

24より、「主題」は「～は」で表されますので、**「～は」で強調されるテーマが変わったところは注意してください。**

さらに、「さて」「ところで」などの**「話題転換」の接続表現**にも気をつけましょう。

また、「主張」の方向転換をとらえるときは「しかし」などの逆接の接続表現に注意しましょう。同じ「主題」について述べていても**「プラス」で説明しているのか、「マイナス」で説明しているのか**で、ブロック分けすると、より全体像がつかみやすくなります。

プラチナルール35 他の問題を解いてから内容真偽問題に取りかかる

本書最後の実践問題には、傍線部内容説明、傍線部理由説明、空所補充も入っています。これまでに学んだプラチナルールを駆使して挑んでください。

青山学院大学　2019年

目標解答時間 25分

次の文章を読んで、後の問いに答えよ。

われわれは不安な時代を生きている。国際情勢、就活、地震、老後、失業、結婚、保育園、ハラスメント、親の介護、体調、うつ、詐欺、盗撮や痴漢をされる不安、痴漢をしたと誤解される不安、その他もろもろ……。

一九八〇年代初頭、われわれは『ジャパン・アズ・ナンバーワン』（*エズラ・ヴォーゲル）といわれ、希望に満ちた日々を過ごしていた。日本で作りだされる製品こそが、どれも世界最先端のものであって、人類の生活スタイルを変えていくと思えていた。日々開発される便利な機械を使いこなすのに追われながら、電卓、電子手帳、ワープロ、エアコン、スポーツカー、電子レンジ、平面テレビ、パソコン、インターネット……、いよいよ便利さと、安全と豊かさとを享受できるようになる「未来」があった。

一九八五年のつくば科学万博（未来博）では、壁掛けテレビやカーナビやネットが未来の製品として紹介され、数十年後にはガンが治るようになっているという展示があったが、それらはみな、本当だった。本当以上に本当だった。当時は黒澤明監督の映画『生きる』（一九五二年）にも描かれていた不治の病であり、その診断は死刑宣告のようなものだったが、今日では時間との競争となっている。ガンになるのが、一年遅れれば、それだけガンが治る可能性が増すというわけだ。

それなのに今日、ひとびとが浮かない顔をしているのはなぜだろう。科学万博の主催者たちも、まさかこんなことになっていると「予想」してはいなかったことだろう。ひとを幸福にすることは、科学技術だけでは無理なのだ。

科学技術のおかげで、人類を脅かすすべての不安材料が払拭され、ひとはいよいよ安全で便利な生活をするようになると考えられていた。せいぜいキューブリック監督『２００１年宇宙の旅』（一九六八）に登場するＨＡＬのようなマザー・コンピュータが、人間に取って代わることになるかもしれないと危惧されていたくらいだった。その映画は、科学技術の楽観主義にちょっとした[A]を投げかけていたが、しかし、問題はもっと深刻だったことが、いま少しずつ見えてきている。

人類に取って代わりそうなのは、巨大なマザー・コンピュータではなかった。スーパーコンピュータでもない——それは膨大な計算を素早くするだけだ。

ＡＩはといえば、それほどすごくない数多《あまた》のコンピュータにインストールされ、いつのまにか人間の仕事を交替していく「優れもの」である。事前にすべての対応を組み込んでいるという意味でのプログラムではなく、事後的にプログラムを自動生成していくというポストグラム。自分で自分の判断を変えていく仕組に、コンピュータは生まれ変わった。

判断すべき条件とデータを増やしていき、結果をいつもフィードバックすることによって、監査したり、診断したり、記録したり、調査したりと、専門家の判断と同等か、それ以上に正しい判断に到達する。大多数のひとが、人間よりもＡＩに任せた方が安心であると思いはじめる。

[1]それはそうだ、とわたしも思う。たとえば重い病気でないかと不安なときは、たまたま出会った技量の分からない医師よりも、——もちろんネットの半可通の回答者たちよりも——、ＡＩに答えを出してもらった方がよさそうである。なにしろ将棋に一生を捧げているひとたちを、生まれて数年のＡＩが容易に負かしてしまうくらいである。医療や戦略など、限定された領域で生じる条件の組みあわせとその対処法についての判断は、ＡＩの方が優れているに違いない。

あるひとたちは、ＡＩの普及が管理社会を生みだすとか、個人のプライバシーがなくなってしまうとか、人間が機械に支配されるようになるとか、人間の仕事が奪われるとかいって、盛んに警鐘を鳴らしている。

それは間違ってはいないと思うのだが、もっと大きな問題がある。それは、ひとびとの、さきに挙げたような不安を、[2]AIは解消してくれそうにもないということである。

たとえば、わたしが失業しそうになって「うつ」の症状が出ているとして、もしAIが普及していたなら、その判断はどのようなものになるであろうか。転職の条件や状況について、あるいはどんな薬を服用すればいいかについては、正しい判断を与えてくれるだろう。だが、がんばれないわたしが、資本主義の根本的問題や社会保障政策の問題点などを考察しながら、自分の将来の目標を合理的に決定せず、したがってその適切な手段を実行しようとしないなら、――「愚行権」といってもいいが――、それに対しては、どんなアドバイスをしてくれるだろうか。

AIは、「成りゆきまかせ」や「いちかばちか」や「横並び」や「放置する」や「なし崩しにする」や「破滅してもいい」といったタイプの動機に対して、どんなアドバイスをしてくれるだろうか。

まして、ひたすら親との確執に苦しんでいるひとや、新宗教の教義に囚われてしまっているひとや、[B]ひとなど、他人の判断をまったく受け容れる姿勢のないひとたちの抱えている問題に対しては、そもそもどんなアドバイスがあり得るだろうか。

AIは、マザー・コンピュータではない。つまり、母親のようには、あなたを気にかけてはくれない。AIには、人類の未来や個人の将来を心配し、社会的諸条件と一人ひとりの意識を調停しようとする性質が原理的にない。そのことの方が、もっと問題である。

AIは判断を創出しているのではなく、ひとびとのあらゆる判断を、ひとが感覚できないものまでのさまざまなデータを含め、――急ぐことでは「エッジ・コンピューティング」*として自前のメモリで対応するが――、ネット上のクラウドを介して繋がりあって、ひとが記憶できないほどの大量のデータ（ビッグデータ）

を用いてシミュレートするだけである。
正しい判断をするのではなく、正しいとされた判断をさらにデータとしてインプットして、正しいとされる判断の確率を上げていくだけだ。ＡＩスマートロボットがギャグをいうにしても、それは世界中のひとたちの笑いの反応をクラウドを通じてフィードバックしているからであって、それらにとってはちっともおかしなことではないのである。

ＡＩにとって、人間は光学センサーの眼のまえにいるのではなく、クラウド（群衆）という靄《もや》のなかにいて、クラウド上のデータのなかから抽出される［C］存在者でしかない。正しさを判断するのはどこまでいっても人間であり、そもそも「正しさ」は人間にとってのものでしかない。機械にとっての正しさは、精確に作動すること、バグ*がないことでしかないのだ。誤りも、ただ訂正すべきデータにすぎず、それらにとっては、恥ずべきことなのではない。

したがって、もしＡＩにありとあらゆる判断を任せてしまうとしたら、それは確かに何らかの判断を示すだろうし、その判断は、いずれにせよ多くのひとが納得する妥当な判断ではあるだろうが、しかしそこに「未来」はない。

未来とは、現在よりもよい状態になっているはずの、これから先のある時点のことである。単に時間の未来ということであれば、いつの時代にも未来はあるが、それはひとが期待して、それに向かって努力しようとする「未来」ではない。ＡＩの説く未来は、現在の延長でしかない。

ＡＩの前提する未来においては、ただ時だけが刻一刻と経ち、暦がその数を積み上げていく。それは、時間測定法における未来であって、われわれの「未来」ではない。そこに夢や希望はない。未来という語が夢や希望という語と相重なっていた時代が終わり、未来という語で、せいぜい似たような要素がくり返し姿を現わす退屈な現在か、[3]あるいはいたるところ、現在の廃墟としての、破滅と悲惨とが組み込まれた疑似過去が待ち受けるばかりとなる。

ＡＩの判断は外挿法的シミュレーションであり、過去に起こったことを未来に引き伸ばして予想する、その推測を詳細に徹底したものである。ルールがあって条件の変化しないものに対しては最強であるが、あり得ないことに挑戦するとか、いつもと違ったことをやってみるという判断は、そこにはない。ところが、そうした［Ｄ］のことをなそうとする判断の向こうにこそ、人間の考える「未来」がある。

ルーティン化した業務における判断に対し、その判断の帰結から生じる悲劇についての感性こそが、4人間の判断を賦活《ふかつ》して、いつもとは異なった判断へとひとを差し向ける。夢や希望という名のもとに、明確なイメージがないとしても、ひとはそれぞれに「未来」に向けて判断しており、その場の「課題の解決」だけを考えているわけではないのである。

ＡＩが普及するということは、社会におけるさまざまな業務の運営が自動化され、人間からするとすべてが成りゆきまかせで何とかなるようになるということである。そこには、判断に意義を与えてきた「未来」を考える人間がいなくなってしまう。

だから、わたしがＡＩに心配するのは、ＡＩが人類を未来の消失から救ってくれそうにないということなのだ。むしろ、5それに加担する装置なのではないかということだ。

（船木亨『現代思想講義』より）

＊エズラ・ヴォーゲル＝アメリカの社会学者。

＊エッジ・コンピューティング＝ユーザーの端末近くにサーバーを分散配置し、距離を短縮することで、通信遅延を抑える技術。

＊バグ＝コンピュータなどのシステムに潜む欠陥。

問一　空欄［A］に入る語句として最適なものを、次の①～⑤から選び、記号をマークせよ。

①　賛辞　②　話題　③　辛酸　④　懐疑　⑤　苦悩

問二　傍線部1「それはそうだ、とわたしも思う」とあるが、筆者はなぜそのように思うのか。その説明として最適なものを、次の①～⑤から選び、記号をマークせよ。

①　ＡＩは、監査したり、診断したり、記録したり、調査したりすることが得意で、管理社会を生み出す能力を持っていると、筆者が考えているから。

②　ＡＩは、事前にすべての対応を組み込んでいて、どのような事態にも対応可能なので、技量の分からない医師や専門家よりも信頼できると、筆者が考えているから。

③　ＡＩは、事後的にプログラムを自動生成していくことができ、自分で自分の判断を変えていく仕組みを持っており、人間の仕事を奪う可能性があると、筆者が考えているから。

④　ＡＩは、ある限られた範囲において、どのような状況が起こり、それらがどのように影響しあうのかを判断し、その対応を見つけ出すのは人間よりも優れていると、筆者が考えているから。

⑤　ＡＩは、個人のプライバシーを喪失させることはなく、むしろプライバシーを保護するプログラムを自動生成することによって、プライバシーを強固に保護することが可能だと、筆者が考えているから。

問三　傍線部2「不安を、ＡＩは解消してくれそうにもない」とあるが、それはなぜなのか。その説明として最適なものを、次の①～⑤から選び、記号をマークせよ。

①　ＡＩは、資本主義の根本問題や社会保障政策の問題点などを考察する機能を持っていないから。

②　ＡＩは、人類や個人の未来を考慮し、社会的な様々な条件と個々人の意思や希望を調整する機能を持っ

ていないから。

③　ＡＩは、管理社会を生み出し、個人のプライバシーをなくして、人間を機械に支配させるようにする危険があるから。

④　ＡＩは、愚行権を行使して、自分の将来の目標を合理的に決定しようとしない人に対して、厳しい対応をするから。

⑤　ＡＩは、「成りゆきまかせ」や「放置する」など、明確な意志のないタイプの動機に対しては、複雑な判断を示すから。

問四　空欄 B に入る表現として最適なものを、次の①〜⑤から選び、記号をマークせよ。

①　自分の失敗をいつまでも悩んでいる

②　やる気がでないことを嘆くばかりでがんばれない

③　他人を支配しようとすることばかりに注力している

④　自分の将来のために適切な手段を実行できないでいる

⑤　自分ひとりでは解決できない深刻な問題にさらされている

問五　空欄 C に入る語句として最適なものを、次の①〜⑤から選び、記号をマークせよ。

①　仮想的　②　偶発的　③　意図的　④　臨時的　⑤　統計的

問六　傍線部３「あるいはいたるところ、現在の廃墟としての、破滅と悲惨とが組み込まれた疑似過去が待ち受けるばかりとなる」とあるが、どのような意味か。その説明として最適なものを、次の①〜⑤から選び、記号をマークせよ。

① いたるところで紛争が起こり、世界は破壊と悲惨に満ちた状況になるということ。
② いたるところが荒廃し、破壊と悲惨がくりかえされる「未来」のない世界が出現するということ。
③ いたるところが破壊され、悲惨な状況になり、戦後社会を彷彿させるような未来が待っているだけになるということ。
④ いたるところで破壊が進み、社会は悲惨な状況になって、現在の都市が廃墟化した状況が待ち受けているということ。
⑤ いたるところが廃墟と化した現在の姿であり、過去の破滅と悲惨によく似た状況が待っているだけになるということ。

問七　空欄 D に入る語句として最適なものを、次の①〜⑤から選び、記号をマークせよ。

① 個別　② 異例　③ 過去　④ 未完　⑤ 理想

問八　傍線部4「人間の判断を賦活して」とあるが、どのような意味か。その説明として最適なものを、次の①〜⑤から選び、記号をマークせよ。

① 人間の判断を迷わせるということ。
② 人間の判断を的確にするということ。
③ 人間の判断を活発にするということ。
④ 人間の判断を変えさせるということ。
⑤ 人間の判断を冷静にさせるということ。

問九　傍線部5「それに加担する装置」とあるが、どういう意味か。その説明として最適なものを、次の①〜⑤から選び、記号をマークせよ。

① 夢や希望のある未来を消失させることに力を貸す装置ということ。
② あり得ないことに挑戦する人々の意欲を消失させる装置ということ。
③ 人間がすべてを成りゆきまかせにすることを加速させる装置ということ。
④ 社会におけるさまざまな業務を自動化するために力を発揮する装置ということ。
⑤ ルーティン化した業務における判断に対して、その判断を強固にする装置ということ。

問十　本文の内容と合致しないものを、次の①〜⑤から一つ選び、記号をマークせよ。

① AIには、個々人の病状に合わせた薬を処方することは困難である。
② コンピュータは、自分で自分の判断を変えていく仕組に生まれ変わった。
③ 一部のひとたちは、AIの普及によって、人間の仕事が奪われると警鐘を鳴らしている。
④ AIは判断を自ら創り出しているのではなく、ひとびとのあらゆる判断を、大量のデータを用いてシミュレートするだけである。
⑤ 科学技術のおかげで、ひとはいよいよ安全で便利な生活をするようになると考えられていたが、われわれは不安な時代を生きている。

問一　空所補充問題

ステップ1　空所を含む一文を分析する。〔文構造↓ポイント〕

> 〈その映画は〉、科学技術の楽観主義にちょっとした［A］を投げかけていたが、［しかし］、〈問題はもっと深刻だったことが〉、いま少しずつ見えてきている。
>
> （主部：その映画は／指示語：その／述部：投げかけていた　主部：問題は／述部：見えてきている）

文の構造を分析すると、主部は「その映画」となっており、指示語が使われています。そして、「しかし」の後に「問題はもっと深刻だった」とあることから、「しかし」の前は「ちょっとした問題」として考えていたということがわかります。それでは、指示語の指示内容に解答の根拠を求めましょう。

ステップ2　解答の根拠をとらえる。〔周囲の文を見る〕

> せいぜいキューブリック監督『2001年宇宙の旅』（一九六八）に登場するHALのようなマザー・コンピュータが、人間に取って代わることになるかもしれないと危惧されていたくらいだった。〈その映画は〉、科学技術の楽観主義にちょっとした［A］を投げかけていたが、［しかし］、〈問題はもっと深刻だったことが〉、いま少しずつ見えてきている。

前の文を見ると「その映画」は「キューブリック監督『2001年宇宙の旅』」であることがわかります。そこではコンピュータに対する「危惧」がありました。すると、「楽観主義的にとらえることはできない」=「危惧」という内容になるとわかります。

ステップ3 解答

正解は④「懐疑」です。「楽観主義を疑う」=「危惧する」という関係がわかると正解することができます。

他の選択肢を分析しましょう。①「賛辞」や②「話題」ですと「楽観主義」のままになってしまいますので、「危惧」とは反対になってしまいます。③「辛酸」⑤「苦悩」は人が味わうものですから、「楽観主義に投げかける」ことはできません。

問二　傍線部理由説明問題

ステップ1 傍線部を含む一文を分析する。〔文構造→ポイント〕

> 〈それは〉そうだ、と〈わたしも〉思う。
>
> それは＝A（主部）→ そうだ＝X（述部）／わたしも＝主部（同類の一つ）、思う＝述部

筆者が思った内容は「それはそうだ」ですから、この文の構造を分析しましょう。「それは」がAで「そうだ」がXとなります。しかし、これでは何もわからないので、指示語の指示内容を求めた上で、Aの説明を求めましょう。

ステップ2 解答の根拠をとらえる。［周囲の文を見る］

〈大多数のひとが〉、「〈人間よりもＡＩに任せた方が〉安心である」と思いはじめる。
[1]それはそうだ、と〈わたしも〉思う。（たとえば重い病気でないかと不安なときは、たまたま出会った技量の分からない医師よりも、――もちろんネットの半可通の回答者たちよりも――、ＡＩに答えを出してもらった方がよさそうである。なにしろ将棋に一生を捧げているひとたちを、生まれて数年のＡＩが容易に負かしてしまうくらいである。医療や戦略など、限定された領域で生じる条件の組みあわせとその対処法についての判断は、ＡＩの方が優れているに違いない。）

具体例

前の文を見ると「人間よりもＡＩに任せた方が安心である」とあります。これで、大多数の人がそう思い、筆者もそう思うという内容がわかりました。そして、「人間よりもＡＩに任せた方が」という部分が（Ａ）にあたるので、その説明を求めます。

すると、「医療や戦略など、限定された領域で生じる条件の組みあわせとその対処法についての判断は、ＡＩの方が優れているに違いない」とあり、ここが解答の根拠になるとわかります。

ステップ3　記述解答から選択肢へ

ステップ２で次の解答が得られました。

「医療や戦略など、限定された領域で生じる条件の組みあわせとその対処法についての判断は、人間よりもＡＩの方が優れているから」

この解答に一番近いのは④「ＡＩは、ある限られた範囲において、どのような状況が起こり、それらがどのように影響しあうのかを判断し、その対応を見つけ出すのは人間よりも優れていると、筆者が考えているから。」です。

他の選択肢を検討しましょう。①「管理社会を生み出す能力を持っている」③「人間の仕事を奪う可能性がある」は本文に説明がありますが、「警鐘を鳴らす」へとつながっています。「警鐘を鳴らす」とは「危機的状況を予告する」という意味なので、「安心」にはつながりません。②「事前にすべての対応を組み込んでいて」は本文第七段落に「事前にすべての対応を組み込んでいるという意味でのプログラムではなく」とあるので誤りです。⑤「プライバシーを保護するプログラムを自動生成」という点が誤りです。第十段落に「個人のプライバシーがなくなる」とあり、筆者は「それは間違っていない」と述べています。

問三　傍線部理由説明問題

ステップ1　傍線部を含む一文を分析する。［文構造→ポイント］

主部①
〈それは〉、
ひとびとの、さきに挙げたような不安を、〈AIは〉解消してくれそうにもない
主部②　述部②　否定
A→×
ということである。
述部①

傍線部を分析すると、「ひとびとの、さきに挙げたような不安を、AIは解消してくれそうにもない」という文の理由を答えれば良いということがわかります。そして、「AIは」がA、「ひとびとの、さきに挙げたような不安を、解消してくれそうにもない」が×となります。

それでは「AIは」の説明（Aの説明）を求めにいきましょう。今回は「不安を解消しない」理由ですから、「マイナス」の説明を探します。

ステップ2 解答の根拠をとらえる。［周囲の文を見る］

それは間違ってはいないと思うのだが、〈もっと大きな問題が〉ある。〈それは〉、ひとびとの、さきに挙げたような不安を、〈AIは〉解消してくれそうにもないということである。

2 （具体例）〈たとえば〉、わたしが失業しそうになって「うつ」の症状が出ているとして、もしAIが普及していたなら、〈その判断は〉どのようなものになるであろうか。転職の条件や状況について、あるいはどんな薬を服用すればいいかについては、正しい判断を与えてくれるだろう。だが、がんばれないわたしが、資本主義の根本的問題や社会保障政策の問題点などを考察しながら、自分の将来の目標を合理的に決定せず、したがってその適切な手段を実行しようとしないなら、――「愚行権」といってもいいが――、それに対しては、どんなアドバイスをしてくれるだろうか。

〈AIは〉、「成りゆきまかせ」や「いちかばちか」や「横並び」や「放置する」や「なし崩しにする」や「破滅してもいい」といったタイプの動機に対して、どんなアドバイスをしてくれるだろうか。

まして、ひたすら親との確執に苦しんでいるひとや、新宗教の教義に囚われてしまっているひとや、［B］ひとなど、他人の判断をまったく受け容れる姿勢のないひとたちの抱えている問題に対しては、そもそもどんなアドバイスがあり得るだろうか。

〈AIは〉、マザー・コンピュータではない。つまり、母親のようには、あなたを気にかけてはくれない。AIには、〈人類の未来や個人の将来を心配し、社会的諸条件と一人ひとりの意識を調停しようとする性質が〉原理的にない。〈そのことの方が〉、もっと問題である。

傍線部の前の第十段落では「もっと大きな問題」ではなく、「小さな問題」について述べられていますから、後ろに解答の根拠を求めます。

第十二段落と第十三段落は「不安」の具体例になっており、「どんなアドバイスをしてくれるだろうか」という疑問文が何度も出てきます。ですから、その答えが出てくるところに解答の根拠があると考えます。

そして、その答えが第十五段落にあります。「AI」は人間を心配する性質がないとあります。ですから、人々の不安を解消することができないのです。

ステップ3 記述解答から選択肢へ。

ステップ2より、次の解答が得られました。

「AIには、人類の未来や個人の将来を心配し、社会的諸条件と一人ひとりの意識を調停しようとする性質が原理的にないから」

この解答に一番近いのは②「AIは、人類や個人の未来を考慮し、社会的な様々な条件と個々人の意思や希望を調整する機能を持っていないから。」です。

他の選択肢を検討しましょう。①「資本主義の根本問題や社会保障政策の問題点などを考察する機能を持っていない」というのは、本文では「AI」の説明ではなく「わたしたち」の説明の部分にあります。③「管理社会を生み出し、個人のプライバシーをなくして、人間を機械に支配させるようにする危険」は「もっと大きな問題」ではないため、誤りです。④「厳しい対応をする」⑤「複雑な判断を示す」は、AIは人の意識に合わせた対応はしないため、誤りです。

問四　空所補充問題

ステップ1　空所を含む一文を分析する。［文構造↓ポイント］

まして、〈ひたすら親との確執に苦しんでいるひとや、新宗教の教義に囚われてしまっているひとや、 B ひとなど〉、（具体例）

（←一般化）

他人の判断をまったく受け容れる姿勢のないひとたちの抱えている問題に対しては、

そもそも〈どんなアドバイスが〉（主部）あり得るだろうか。（述部）

文の構造を分析すると、「ひたすら親との確執に苦しんでいるひとや、新宗教の教義に囚われてしまっているひとや、 B ひとなど」と具体例があり、その具体例をまとめた表現が「他人の判断をまったく受け容れる姿勢のないひとたち」だということがわかります。

ですから、「他人の判断をまったく受け容れる姿勢のないひとたち」の具体例になるものを解答として選びましょう。

ステップ2　解答

解答は③「他人を支配しようとすることばかりに注力している」です。「他人の判断をまったく受け容れる姿勢のないひとたち」の具体例となっています。「ばかり」というところが決定的なポイントとなっています。

他の選択肢を検討しましょう。①「自分の失敗」②「やる気がでない」④「自分の将来」とそもそも他人に対する説明がないので、誤りです。⑤「自分ひとりでは解決できない深刻な問題」は他人の意見を聞くしかないので、これも誤りです。

問五　空所補充問題

ステップ1　空所を含む一文を分析する。［文構造↓ポイント］

> ＡＩにとって、〈人間は〉（主部）光学センサーの眼のまえにいるのではなく、クラウド（群衆）という靄《もや》のなかにいて、クラウド上のデータのなかから抽出される［Ｃ］存在者（述部）でしかない。

文の構造を分析すると、「**AではなくB**」という「否定」のフレームが使われています。👑3より解答の根拠を求めるときは、「否定」のフレームに注意して、似たような構造の文を探しましょう。

ステップ2 解答の根拠をとらえる。〔周囲の文を見る〕

〈ＡＩは〉判断を創出しているのではなく、ひとびとのあらゆる判断を、ひとが感覚できないものまでのさまざまなデータを含め、（譲歩——急ぐことでは「*エッジ・コンピューティング」として自前のメモリで対応するが——）、ネット上のクラウドを介して繋がりあって、ひとが記憶できないほどの大量のデータ（ビッグデータ）を用いてシミュレートするだけである。

正しい判断をするのではなく、正しいとされた判断をさらにデータとしてインプットして、正しいとされる判断の確率を上げていくだけだ。（具体例 ＡＩスマートロボットがギャグをいうにしても、それは世界中のひとたちの笑いの反応をクラウドを通じてフィードバックしているからであって、それらにとってはちっともおかしなことではないのである。）

ＡＩにとって、〈人間は〉光学センサーの眼のまえにいるのではなく、クラウド（群衆）という靄《もや》のなかにいて、クラウド上のデータのなかから抽出される Ｃ 存在者でしかない。正しさを判断するのはどこまでいっても人間であり、そもそも「正しさ」は人間にとってのものでしかない。機械にとっての正しさは、精確に作動すること、*バグがないことでしかないのだ。誤りも、ただ訂正すべきデータにすぎず、それらにとっては、恥ずべきことなのではない。

AIは「ビッグデータ」を用いて「シミュレート」して、さらに「正しいとされた判断」のデータを増やして「正しいとされる判断の確率を上げていくだけだ」と説明があります。すると、AIが対象とするのは「データ」と「確率」だとわかります。

ステップ3 解答

解答は⑤「統計的」となります。「データ」「確率」から判断するのは「統計」です。

他の選択肢を検討しましょう。①「仮想的」②「偶発的」④「臨時的」は「データ」「確率」とは反対のため、誤りです。

③「意図的」はAIにはないため、誤りです。

問六　傍線部内容説明問題

ステップ1　傍線部を含む一文を分析する。〔文構造→ポイント〕

〈未来という語が夢や希望という語と相重なっていた時代が〉（主部①）終わり、（述部①）

〈未来という語で、せいぜい似たような要素がくり返し姿を現わす退屈な現在か、（主部②）

あるいはいたるところ、現在の廃墟としての（比喩表現）、破滅と悲惨とが組み込まれた疑似過去が（比喩表現）〉

待ち受けるばかりとなる。（述部②）

傍線部を分析すると、「現在の廃墟」「破滅と悲惨とが組み込まれた疑似過去」という比喩表現が用いられていることがわかります。これらのポイントを説明している部分を探しましょう。

ステップ2　解答の根拠をとらえる。［周囲の文を見る］

したがって、もしAIにありとあらゆる判断を任せてしまうとしたら、〈それは〉確かに何らかの判断を示すだろうし、〈その判断は〉、いずれにせよ多くのひとが納得する妥当な判断ではあるだろうが、しかしそこに〈「未来」は〉ない。

〈未来とは〉、現在よりもよい状態になっているはずの、これから先のある時点のことである。単に時間の未来ということであれば、いつの時代にも未来はあるが、〈それは〉ひとが期待して、それに向かって努力しようとする「未来」ではない。〈AIの説く未来は〉、現在の延長でしかない。

AIの前提する未来においては、ただ〈時だけが〉刻一刻と経ち、〈暦が〉その数を積み上げていく。〈それは〉、時間測定法における未来であって、われわれの「未来」ではない。そこに〈夢や希望は〉ない。〈未来という語が夢や希望という語と相重なっていた時代が〉終わり、未来という語で、せいぜい似たような要素がくり返し姿を現わす退屈な現在か、[3]あるいはいたるところ、現在の廃墟としての、破滅と悲惨とが組み込まれた疑似過去が待ち受けるばかりとなる。

〈AIの判断は〉外挿法的シミュレーションであり、過去に起こったことを未来に引き伸ばして予想する、その推測を詳細に徹底したものである。ルールがあって条件の変化しないものに対しては最強であるが、〈あり得ないことに挑戦するとか、いつもと違ったことをやってみるという判断は〉、そこにはない。ところが、そうした D のことをなそうとする判断の向こうにこそ、〈人間の考える「未来」が〉ある。

ＡＩの前提とする未来は「夢や希望としての未来」ではなく、「退屈な現在」か「疑似過去」でしかない、という「ＡではなくＢあるいはＣ」という構造がつかめたならば、「疑似過去（Ｃ）」は「過去に起こったことを未来に引き伸ばして予想する、その推測を詳細に徹底したもの」だということがわかります。過去に起こったことに対する判断のデータから確率的に最も高いものを予想するのがＡＩの前提とする未来だということがわかると正解できます。

ステップ3 記述解答から選択肢へ。

ステップ２より、次の解答が得られました。

「過去に起こったことに対する判断のデータから確率的に最も高いものを予想した、過去とよく似た状況が待ち受けるばかりになるということ」

この解答に一番近いのは⑤「いたるところが廃墟と化した現在の姿であり、過去の破滅と悲惨によく似た状況が待っているだけになるということ。」です。もう少しわかりやすく説明して欲しいところですが、マーク式の選択肢は必ずしも記述解答としてふさわしいようなものばかりではありません。記述解答とすると微妙なものでも、一番理想の解答に近いのはこれだと選べるようになってください。

他の選択肢を検討しましょう。①「世界は破壊と悲惨に満ちた状況になる」④「社会は悲惨な状況になって、現在の都市が廃墟化した状況」は過去の説明がないため誤りとなります。③「戦後社会を彷彿させるような未来」は過去を「戦後社会」に限定している点が誤りです。「過去」とは「判断のデータ」のことです。

②は注意が必要です。『未来』のない世界」というのは一見すると正解のように思えますが、「『未来』（Ａ）のない世界」は二種類あったことを思い出しましょう。「退屈な現在（Ｂ）」か、あるいは「疑似過去（Ｃ）」です。「『未来』のない

世界（Aでない）」と言っただけでは、「退屈な現在（B）」のことなのか「疑似過去（C）」のことなのかわからないため、誤りとなります。**「あるいは」という論理フレームに気をつけましょう。**

問七　空所補充問題

ステップ1　空所を含む一文を分析する。〔文構造↓ポイント〕

ところが、「そうした（修飾部・指示語） D のことをなそうとする判断の向こうにこそ」、〈人間の考える「未来」が〉（主部） ある。（述部）

空所を含む一文を分析すると、「そうした」という指示語があります。指示内容をとらえることで、解答の根拠とすることができそうです。

それでは、指示内容をとらえましょう。

ステップ2　解答の根拠をとらえる。〔周囲の文を見る〕

〈AIの判断は〉外挿法的シミュレーションであり、過去に起こったことを未来に引き伸ばして予想する、その推測を詳細に徹底したものである。ルールがあって条件の変化しないものに対しては最強であるが、〈あり得ないことに挑戦するとか、いつもと違ったことをやってみるという判断は〉、そこにはない。ところが、そうした D のことをなそうとする判断の向こうにこそ、〈人間の考える「未来」が〉ある。

指示内容をとらえると「あり得ないことに挑戦するとか、いつもと違ったことをやってみるという判断」とあり、「AIの判断」とは反対のものであることがわかります。

ステップ3　解答

解答は②「異例」となります。「あり得ないこと」「いつもと違ったこと」を表すのは「異例」しかありません。

他の選択肢を検討しましょう。①「個別」は「他と違う」という意味であり「あり得ない」という意味ではないため、誤りです。③「過去」は「未来」とは反対なので、誤りです。④「未完」は「まだ完成していない」という意味であり、「あり得ない」ではないため、誤りです。⑤「理想」は「あり得ない」「いつもと違う」でないため、誤りです。

問八　傍線部内容説明問題

ステップ1　傍線部を含む一文を分析する。〔文構造↓ポイント〕

主部
〈ルーティン化した業務における判断に対し、その判断の帰結から生じる悲劇についての感性こそが〉、
4 人間の判断を賦活《ふかつ》して、（述部①）（個人言語）いつもとは異なった判断へとひとを差し向ける。（述部②）

傍線部を分析すると、二つの述部があることがわかります。そして問われているポイントは「賦活」という言葉です。実はこの問題は語彙問題で「賦活」の意味がわかっていれば、すぐに解答ができます。ただ、今回はこの言葉の意味がわからないという前提で解いてみましょう。

ステップ2 解答の根拠をとらえる。〔周囲の文を見る〕

〈AIの判断は〉外挿法的シミュレーションであり、過去に起こったことを未来に引き伸ばして予想する、その推測を詳細に徹底したものである。ルールがあって条件の変化しないものに対しては最強であるが、〈あり得ないことに挑戦するとか、いつもと違ったことをやってみるという判断は〉、そこにはない。ところが、そうした D のことをなそうとする判断の向こうにこそ、〈人間の考える「未来」が〉ある。

〈ルーティン化した業務における判断に対し、その判断の帰結から生じる悲劇についての感性こそが〉、[4]人間の判断を賦活《ふかつ》して、いつもとは異なった判断へとひとを差し向ける。夢や希望という名のもとに、明確なイメージがないとしても、〈ひとは〉それぞれに「未来」に向けて判断しており、その場の「課題の解決」だけを考えているわけではないのである。

「AIの判断」と「人間の判断」の違いが説明されており、「ところが」以降は「人間の判断」の説明になっています。
ですから、「賦活」とは「人間の判断」にとって良いものであることがわかります。

ステップ3 記述解答から選択肢へ。

ステップ2より、「賦活」を含む文を言い換えると、

「人間の判断を良い状態にして」

となります。この解答に一番近いのは③「人間の判断を活発にするということ。」です。「賦活」の辞書的な意味がわかれば、即答できるのですが、前後から意味を考えた場合は他の選択肢を消去法で消して選ぶという解き方になります。

他の選択肢を見てみましょう。①「迷わせる」は「悪い状態」なので、誤りです。②「的確にする」⑤「冷静にさせる」は確かに良い状態なのですが、「いつもとは異なった判断へ」という結果につながらないため、誤りとなります。「いつもとは異なった判断」は間違える可能性も高いですから、「冷静な判断」「的確な判断」の結果「いつもとは異なった判断」にはつながりません。④「変えさせる」は、その後の「結果」を解答してしまっているため、誤りです。この傍線部が原因で、その結果「いつもとは異なった判断」をするようになるのです。

問九　傍線部内容説明問題

ステップ1 傍線部を含む一文を分析する。［文構造↓ポイント］

むしろ、それに加担する装置なのではないかということだ。

5 主部省略（それは）
指示語

傍線部を分析すると、主部が省略されていることがわかります。また、「それ」という指示語が使われています。指示内容が解答の根拠となるはずですから、指示内容を求めましょう。

ステップ2 解答の根拠をとらえる。〔周囲の文を見る〕

> だから、〈わたしがＡＩに心配するのは〉、ＡＩが人類を未来の消失から救ってくれそうにないということなのだ。むしろ、それに加担する装置なのではないかということだ。

省略された主部は「ＡＩは」です。そして指示内容は「未来の消失」だということがわかります。「未来」というのは今までの問題でもとらえたように「夢や希望」のことです。

それではとらえたポイントをまとめて解答しましょう。

ステップ3 記述解答から選択肢へ。

ステップ2より、次の解答が得られました。

「ＡＩは、人類から夢や希望のある未来を奪うことに加担する装置だという意味」

この解答に一番近いのは①「夢や希望のある未来を消失させることに力を貸す装置ということ。」です。

他の選択肢を検討しましょう。②は「あり得ないことに挑戦する」しか説明がなく「いつもと違ったことをやってみる」がないため、誤りとなります。具体例を一部分だけ解答すると誤りとなります。③と④と⑤は「未来の消失」ではないため、誤りです。

問十　内容真偽問題

選択肢を分析して、本文の該当箇所と対応させましょう。

> ①　ＡＩには、〈個々人の病状に合わせた薬を処方することは〉困難である。

この選択肢の内容は第十二段落に書かれていました。

> **第十二段落**
>
> 転職の条件や状況について、あるいはどんな薬を服用すればいいかについては、正しい判断を与えてくれるだろう。

これが合致しないものなので、正解となります。

② コンピュータは、自分で自分の判断を変えていく仕組に生まれ変わった。

この選択肢の内容は第七段落に書かれていました。

第七段落

ＡＩはといえば、それほどすごくない数多《あまた》のコンピュータにインストールされ、いつのまにか人間の仕事を交替していく「優れもの」である。事前にすべての対応を組み込んでいるという意味でのプログラムではなく、事後的にプログラムを自動生成していくというポストグラム。自分で自分の判断を変えていく仕組に、コンピュータは生まれ変わった。

本文と合致するので、正解とはなりません。

③　一部のひとたちは、ＡＩの普及によって、人間の仕事が奪われると警鐘を鳴らしている。

この選択肢の内容は第十段落に書かれていました。

第十段落

あるひとたちは、ＡＩの普及が管理社会を生みだすとか、個人のプライバシーがなくなってしまうとか、人間が機械に支配されるようになるとか、人間の仕事が奪われるとかいって、盛んに警鐘を鳴らしている。

本文と合致するので、正解とはなりません。

④　ＡＩは判断を自ら創り出しているのではなく、ひとびとのあらゆる判断を、大量のデータを用いてシミュレートするだけである。

この選択肢の内容は第十六段落に書かれていました。

第十六段落

ＡＩは判断を創出しているのではなく、ひとびとのあらゆる判断を、ひとが感覚できないものまでのさまざまなデータを含め、――急ぐことでは「＊エッジ・コンピューティング」として自前のメモリで対応するが――、ネット上のクラウドを介して繋がりあって、ひとが記憶できないほどの大量のデータ（ビッグデータ）を用いてシミュレートするだけである。

本文と合致するので、正解とはなりません。

⑤　科学技術のおかげで、ひとはいよいよ安全で便利な生活をするようになると考えられていたが、われわれは不安な時代を生きている。

この選択肢の内容は第一～五段落に書かれていました。

第一～五段落

われわれは不安な時代を生きている。国際情勢、就活、地震、老後、失業、結婚、保育園、ハラスメント、親の介護、体調、うつ、詐欺、盗撮や痴漢をされる不安、痴漢をしたと誤解される不安、その他もろもろ……。

（中略）

科学技術のおかげで、人類を脅かすすべての不安材料が払拭され、ひとはいよいよ安全で便利な生活をするようになると考えられていた。せいぜいキューブリック監督『２００１年宇宙の旅』（一九六八）に登場するＨＡＬのようなマザー・コンピュータが、人間に取って代わることになるかもしれないと危惧されていたくらいだった。その映画は、科学技術の楽観主義にちょっとした［Ａ］を投げかけていたが、しかし、問題はもっと深刻だったことが、いま少しずつ見えてきている。

本文と合致するので、正解とはなりません。

おわりに

僕が現代文の講師を始めたとき、生徒たちが「現代文の勉強って、やる意味があるんでしょうか？」という質問をしてきました。正直なところ「現代文の講師に対してする質問か？」と思いましたが、彼らの気持ちもよくわかりました。

なぜなら、かつての僕自身が「国語なんて勉強しても無駄だ」と考えていたからです。算数や数学であれば公式や解法を覚えれば、他の問題も解けるようになります。まさに「1を聞いて10を解く」ことができ、そのようなものこそ勉強する意味があると感じられました。一方、国語はというと、学校で習った文章がどれだけ理解できたとしても、テストに出てくるのは違う文章です。「学校で習った文章をどれだけ理解したところで、テストの役に立つとは思えない」というのが、小学生のときからの僕の考え方でした。

ところが、大学受験の勉強を始めたとき、予備校の先生が「現代文にも解き方がある」ということをおっしゃっているのを聞きました。そして、言われた通りに勉強したら飛躍的に成績が上がりました。

このときの感動は今でも忘れられません。「勉強しても無駄だ」と考えていた科目が、「勉強すると成績が上がる」と知ったときの感動を伝えるために、僕は現代文講師になりました。

そして、生徒たちを目の前にしたとき、「この子たちが貴重な時間を使って僕の話を聞いてくれる。なんとか価値のある話をしなければ」と考えて、必死に過去問や現代文の参考書や大学の論理学のテキストを研究しました。その結果、一年間一貫した解き方ですべての問題を解説することができるようになりました。

そのときの受講生たちの感動した顔が、僕にこの本を書かせてくれました。

今後は『柳生好之の現代文ポラリス［1　基礎レベル］』『柳生好之の現代文ポラリス［2　標準レベル］』などの問題集でプラチナルールを定着させてください。『ポラリス』ではすべての問題が「プラチナルール」で解説されています。

最後に、皆さんの健康と大学合格を心よりお祈りしております。

現代文読解の必須フレーズ（指示語・接続表現）

指示語	①	これ / それ / あれ この / その / あの	前の名詞や説明を指す。
	②	このような / そのような こういう / そういう	より広い範囲の説明を指す。
接続表現	①	つまり / 要するに / 結局 / 言い換えれば / 言わば	【解説】前の語や段落を説明したりまとめる。
	②	たとえば（具体例） とりわけ（強調）	【例示】前の内容の具体例を引いたり、一部を強調する。
	③	なぜなら / けだし	【理由】前の文に対する理由を説明。
	④	だから / したがって / ゆえに / よって	【帰結】前の文からの結果・結論を示す（順接が多い）。
	⑤	しかし / だが / ところが / とはいえ / それなのに / けれども / さて / ところで	【転換】前の主張・前の主題・話題を転換する。
	⑥	さらに / しかも / そのうえ / また / および / かつ / そして / だけでなく / のみならず / 一方 / 他方で	【付加】前の内容に別の内容を付け加える。 対照的な内容を付け加える。
	⑦	ただし / もっとも	【補足】前の内容と反対の内容を補足する。
	⑧	または / あるいは / もしくは / ないし / それとも	【選択】前の内容と後の内容のいずれか一方を選択する（両方の場合もあり）。

●指示語と接続表現は文中に頻繁に登場するので、これをしっかりとらえておかないと、文意がつかめなくなってしまう。
問題にあたるときは、丸をつけるなどしてチェックしておこう。

論理フレームワーク

①	**A ではなく、B である /A よりむしろ B ～ /A のようで実は B ～** 【否定】のフレームワーク　A と B が反対の内容になり、B に筆者の主張がくることが多い。
②	**A ならば B/A の条件は B である /A は常に B/ すべての A は B である /B でないならば A でない /B してはじめて A/B のときのみ A** 【条件法】のフレームワーク　A は十分条件、B は必要条件。主張（命題）を表す。
③	**A かつ B/A さらに B/A だけでなく B も /A のみならず B も /A ながら B** 【連言】のフレームワーク　A という主張と B という主張が同時になされている。
④	**A または B/A あるいは B/A もしくは B/A ないし B/A か（や）B** 【選言】のフレームワーク　A という主張と B という主張のうちどちらか一方（または両方）がなされている。
⑤	**A は X であるのに対し、B は Y である /A は X であるのとは異なり、B は Y である** 【差異（対比）】のフレームワーク　A と B の相違点を説明。X と Y は反対の内容になる。
⑥	**A から B へと変化する /A だったものが A でなくなる** 【変化】のフレームワーク　A と B は反対の内容になる。
⑦	**A は X である。B も X である /A と B はともに X である /A と B は X という点で同じである** 【類似（類比）】のフレームワーク　A と B の共通点を説明する。
⑧	**A すると、かえって B/A と同時に B** 【逆説】のフレームワーク　A と B は反対の内容になる。一見矛盾しているように見えるが真である。
⑨	**A だから B/A なので B/A によって B/A のために B** 【因果】のフレームワーク　A と B に因果関係がある。

●フレームワークを意識すると、筆者の主張がどこにあるのか見つけやすくなる。
入試でも配点が高くなるとみられる内容理解の問題を解く、強い味方になってくれるはずだ。

論証のフレームワーク

① **単純な論証**		
	根拠A→結論B	根拠Aから結論Bが導かれている。
② **論証の連鎖**		
	根拠A→根拠B→結論C	主張Aが根拠となって主張Bが導かれ、主張Bが根拠となって結論Cが導かれる。
③ **結合論証**		
	根拠A ＋ 根拠B →結論C	主張AとBが組み合わさって一つの根拠を形成し、結論Cが導かれる。AとBどちらか一方でも欠けると、この論証は成立しない。
④ **合流論証**		
	根拠A ／ 根拠B →結論C	根拠Aだけでなく根拠Bもあり、結論Cが導かれる。AとBはそれぞれ単独でも根拠になる。

●論証のフレームワークは、複数の要素を盛り込まなければならないことが多い記述問題で威力を発揮する。これを使いこなせるようになれば、理由説明問題も自信を持って答えられるはずだ。

心情のフレームワーク（小説・随筆）

① **単純な心情**		
	原因(事情)→心情→結果(行動・反応)	「心情」部分が書いていない場合は、原因と結果から類推する。
② **心情の変化**		
	心情A→変化の要因→心情B	心情AとBは反対のものになる。
③ **結合原因の心情**		
	原因A(外的) ＋ 原因B(内的) →心情→結果	原因AとBが組み合わさって「心情」が発生する。原因Bは特殊事情であることが多く、「セリフ」「心中文」「過去のシーン」によって明らかになることが多い。
④ **心情の交錯**		
	原因A→心情A ＋ 原因B→心情B →結果	心情AとBが同時に存在し、それぞれに原因がある。心情AとBは相反する心情である場合が多い。

●評論文では「根拠（原因）」と「結論」に注意すればよいが、小説・随筆ではそこに「心情」が加わる。この３つを常に意識して読むことを心がけよう。

レトリック（説得話法・修辞法）

① **問題提起** 読者に疑問を投げかけて意識を誘導し、答えとして自説を述べる。「疑問文」があったら、そのあとに「答え」があると予想しながら読もう。
② **具体例・エピソード** 筆者の主張を伝えるため、読者がイメージしやすいような例をあげる。また、実感を込めるためにエピソードをあげる。常に「筆者の主張」を意識して読もう。
③ **引用** 論を深めるため、筆者が別の文章の筆者と対話しながら文章を展開することがある。引用は筆者の主張に対して「同意見」「反対意見」「根拠」「具体例」となるものがある。
④ **比喩** 内容のイメージを喚起しやすくするために別のものに喩える。同じグループ内の別のものに喩える「類比」、「ような」「みたいな」をつけて喩える「直喩」、「ような」「みたいな」をつけないで喩える「隠喩」、人でないものを人に喩える「擬人法」がある。
⑤ **譲歩** 一般論や反論にいったんは理解を示しながらも、方向転換をして自説・持論を展開する。

●自分の主張を理解してもらうだけでなく、納得してもらうために用いるさまざまな工夫をレトリックという。レトリックを用いるのは重要な箇所であるからなので、注意して読もう。

柳生 好之（やぎゅう　よしゆき）
リクルート「スタディサプリ」講師。難関大受験専門塾「現論会」代表。早稲田大学第一文学部総合人文学科日本文学専修卒。文法や論理を重視する方法論が、受講生から圧倒的な支持を集めている。現代文だけでなく小論文の対策にも精通し、全く文章が書けない受験生を数多く合格に導いている。また、講演活動で全国を縦断しており、知名度は高い。著書に『大学入試問題集　柳生好之の現代文ポラリス［1 基礎レベル］』『大学入試問題集　柳生好之の現代文ポラリス［2 標準レベル］』『東大現代文でロジカルシンキングを鍛える』『大学入試　柳生好之の小論文プラチナルール』『世界一わかりやすい慶應の小論文　合格講座』（以上、KADOKAWA）、『ゼロから覚醒 はじめよう現代文』（かんき出版）、『完全理系専用スペクトル　看護医療系のための小論文』（技術評論社）がある。

大《だい》学《がく》入《にゅう》試《し》　柳《や》生《ぎゅう》好《よし》之《ゆき》の
現《げん》代《だい》文《ぶん》プラチナルール

2020年 11月27日　初版発行
2022年 4 月15日　7版発行

著者／柳生《やぎゅう》 好之《よしゆき》

発行者／青柳 昌行

発行／株式会社KADOKAWA
〒102-8177　東京都千代田区富士見2-13-3
電話　0570-002-301（ナビダイヤル）

印刷所／株式会社加藤文明社印刷所

●お問い合わせ
https://www.kadokawa.co.jp/（「お問い合わせ」へお進みください）
※内容によっては、お答えできない場合があります。
※サポートは日本国内のみとさせていただきます。
※Japanese text only

定価はカバーに表示してあります。

ISBN 978-4-04-604820-2　C7081